酒店管理与
经营全案

互联网思维创新
酒店管理和运营模式

胡新桥　编著

U0359837

化学工业出版社

·北京·

《酒店管理与经营全案——互联网思维创新酒店管理和运营模式》一书，从互联网+助力酒店思维变革导入，分三个部分：

第一部分，互联网思维创新之智慧化建设，包括智慧酒店概述、智慧酒店建设、酒店物联网建设、酒店大数据建设、酒店智能安防建设等内容；

第二部分，互联网思维创新之多样化营销，包括OTA推广、微信营销、微博营销、网站营销、团购营销等内容；

第三部分，互联网思维创新之品质化服务，包括谨遵服务礼仪、端正服务态度、注重服务细节、实现智能服务、提供增值服务、处理客人投诉等内容。

本书以浅显易懂、平实幽默的语言风格，通过大量翔实的案例，阐述了"互联网+"模式下酒店管理与经营的基本理念，可作为酒店管理人员培训教材、专业培训机构或旅游学院的学生教材，也可作为酒店员工手边便携书，随时翻阅学习。

图书在版编目（CIP）数据

酒店管理与经营全案：互联网思维创新酒店管理和运营模式/胡新桥编著.—北京：化学工业出版社，2019.1（2024.11重印）
ISBN 978-7-122-33273-8

Ⅰ.①酒… Ⅱ.①胡… Ⅲ.①饭店-经营管理-研究 Ⅳ.①F719.2

中国版本图书馆CIP数据核字（2018）第252512号

责任编辑：陈　蕾　　　　　　　　　　　装帧设计：尹琳琳
责任校对：杜杏然

出版发行：化学工业出版社（北京市东城区青年湖南街13号　邮政编码100011）
印　　装：北京天宇星印刷厂
710mm×1000mm　1/16　印张13　字数242千字　　2024年11月北京第1版第8次印刷

购书咨询：010-64518888　　　　　　　　　售后服务：010-64518899
网　　址：http://www.cip.com.cn
凡购买本书，如有缺损质量问题，本社销售中心负责调换。

定　　价：58.00元

▶▶ 前　言

在互联网时代，只有将酒店管理融入互联网思维，及时掌握消费者的需求，不断提升消费者的服务体验，才能摆脱酒店业同质化竞争严重带来的困扰。互联网正逐步改变人们的生活消费习惯，深深影响着酒店业未来的发展趋势。

互联网跨时空、高效、便捷、低成本的营销模式正是传统酒店业改革创新的方向。如果不能在互联网的大潮中及时转变思维，就会失去发展的先机，只有顺势而为才能迎来新一轮的发展。酒店可以充分借助互联网、大数据、物联网等技术，不断整合行业资源，扩大品牌影响力，拓展营销渠道。

·酒店要想增强自身的核心竞争力，最有效的手段就是大规模地应用先进的信息化技术，变革传统意义上的酒店业竞争方式和经营管理模式，进而赢得新的竞争优势。因此，酒店的竞争将主要在智能化、个性化、信息化方面展开，智慧酒店正在悄然兴起。

通过互联网平台，有助于酒店提高经营效率和效益，对于消费者而言更是极好的消费服务体验。"互联网+酒店"必将带动行业的进一步发展，激发消费潜力，市场空间巨大。

基于此，我们组织编写了《酒店管理与经营全案——互联网思维创新酒店管理和运营模式》一书，本书从互联网+助力酒店思维变革导入，分三个部分：第一部分，互联网思维创新之智慧化建设（包括智慧酒店概述、智慧酒店建设、酒店物联网建设、酒店大数据建设、酒店智能安防建设五个章节）；第二部分，互联网思维创新之多样化营销（包括OTA推广、微信营销、微博营销、网站营销、团购营销五个章节）；第三部分，互联网思维创新之品质化服务（包括谨遵服务礼仪、端正服务态度、注重服务细节、实现智能服务、提供增值服务、处理客人投诉六个章节）。

本书由深圳中经智库文化传播有限公司策划，湖北工程学院文学与新闻传播学院副教授胡新桥副教授编著。由于编者水平有限，加之时间仓促、参考资料有限，书中难免出现疏漏与缺憾，敬请读者批评指正。

编者

目录◀◀

导读　互联网＋助力酒店思维变革

第一部分　互联网思维创新之智慧化建设

　　酒店要想增强自身的核心竞争力，最有效的手段就是大规模地应用先进的信息化技术，变革传统意义上的酒店业竞争方式和经营管理模式，进而赢得新的竞争优势。因此，酒店的竞争将主要在智能化、个性化、信息化方面展开，智慧酒店正在悄然兴起。

第二部分　互联网思维创新之多样化营销

营销是酒店经营的龙头，也是酒店经营最重要的环节，它带有全员和全方位性，与每个员工、每个岗位都有直接或间接的关系。作为新时代的酒店，更应重视互联网在酒店运营中的作用，致力于最大化提升酒店质量，实现经营利润最大化。

第三部分 互联网思维创新之品质化服务

良好的、令客人满意的服务，可以在一定程度上弥补酒店硬件质量方面的不足。对酒店来说，经营是前提，管理是关键，服务是支柱。服务质量不仅是管理的综合体现，而且直接影响着经营效果。

导读
互联网+助力酒店
思维变革

滴滴打车、支付宝支付、美团订餐、OTA预订酒店……，不知不觉，"互联网+"已经彻底改变了我们的生活，改变了我们的生活方式，也影响到各行各业的发展。在互联网+的时代背景下，酒店管理思维将发生颠覆性的变革。

一、传统酒店管理的弊端

互联网时代，传统酒店业在营销策略、管理架构、运营模式上已日渐乏力，市场竞争激烈、招工难、用工难、管理难迫使酒店出效益更难。

1.传统酒店业的经营理念落后

回顾改革开放以来中国酒店业发展的历程，如果以每10年为一个阶段，大致可以分为如导图-1所示的三个阶段。

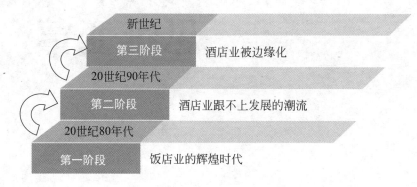

导图-1 酒店业的发展阶段

导图-1所示说明：

（1）第一阶段。第一个10年是中国饭店业历史上最辉煌的时代，那是在20世纪80年代。当时中国酒店业聚集了国内最优秀的一批人才，高端饭店所示范的生活方式、工作方式、管理方式都处在当时社会的前沿。

（2）第二阶段。到了20世纪90年代，互联网开始萌芽，但酒店业却开始褪去光环，酒店业内部人才流失现象不断加剧，优秀毕业生少有将酒店业视为首选就业方向，酒店服务水平没有跟得上时代发展的潮流。

（3）第三阶段。步入新世纪，一方面经济型酒店迅速崛起并对传统酒店业带来挑战；另一方面是近20年来，伴随着移动互联技术的快速发展和年轻一代消费者消费习惯的改变，传统的酒店业却因缺少实质性的创新而固步自封，渐渐脱离时代发展节奏而逐渐被边缘化。

2.酒店服务标准同质化现象严重

星级酒店在中国酒店发展史上对行业发展起到了重要的推动作用，但是放到当今体验经济时代，消费者的个性化需求极度膨胀，星级标准同质化的问题凸显。国内酒店在引进西方标准化服务流程的同时，多数是只知其然却不知其所以然，没有深入学习其服务理念并结合中国国情进行创新，高星级酒店所标榜的高水平服务只是对国外标准化服务的机械性模仿，缺少本土化改造和个性化创新，也没在互联网时代进行相应的转型升级。

3.缺乏"用户体验"的针对性改造

传统酒店业将商务旅客作为主要接待对象，星级酒店在功能上片面追求大而全，装修上盲目追求高端奢华，但是没有考虑到当下85后成长起来并逐渐成为消费主力军的年轻人的四个基本特点，如导图-2所示。

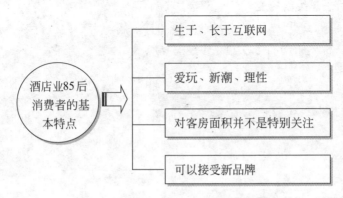

导图-2　酒店业85后消费者的基本特点

星级酒店凭借硬件设施的"高端大气"对年轻人的吸引力远不如物美价廉且具有"草根情怀"的主题酒店吸引力大，这使得星级酒店前期投入大量资金建立起的高等级设施成为摆设。而经济型酒店的发展同样一波三折，其刚刚出现时对传统酒店业大有星火燎原之势，但在2012年竟然出现了全行业的普遍亏损。主要原因在于多数经济型酒店没有对客源市场进行进一步细分，找到客源市场的"蓝海"。面对当下顾客多元化的需求，酒店布局缺少针对性地调整，提供的服务针对性不足而且种类单一。

比如，对当下年轻旅客非常看重的网络功能、晾衣空间、公共空间没有给予足够的重视，渐渐失去了顾客的青睐。

二、互联网对酒店业的改变

移动互联网时代早已把客源体系从线下转向线上，从PC端转向移动端。传统酒店业整体营销模式和营销体系发生了巨大的变化。具体来说，互联网思维给酒店业带来了导图-3所示的改变。

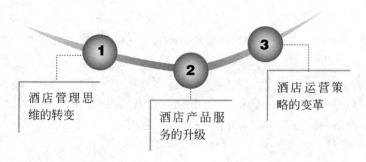

导图-3　互联网思维带给酒店业的改变

1.酒店管理思维的转变

2015年9月，百度地图推出"百度地图订酒店，占个好位置"活动，瞄准客栈蓝海市场，深度布局酒店O2O。如导图-4所示。

导图-4　"百度地图"订酒店界面截图

目前，飞猪上大部分经济型酒店都支持信用住。只要芝麻分超过600分的用户就可以在飞猪旅行享受住酒店"先住后付"，也即所谓的"信用住"。用户登录飞猪平台，选择带有"信用住"标签的酒店，"飞猪"后台系统会先测算出用户的信用评级；达到信用标准的用户可以使用这项服务进行酒店预订，无需任何担保和押金即可入住；当用户在离店时只需把房卡放到前台即可，真正做到离店免查房免排队，支付宝自动结算。

2017年1月5日，腾讯公司旗下微信团队宣布联合艺龙、住哲、复创等行业合作伙伴推出"微信生态酒店"。通过"微信—钱包—酒店"，用户可以实现"在线预定—刷脸入住—自动吐卡—自助退房—电子发票"等全流程服务,从此酒店变自助。如导图-5所示。

导图-5 "微信钱包"订酒店界面截图

通过上述BAT的业务布局可以看出,互联网行业的大佬们已经在酒店这个领域打起了没有硝烟的战争。他们为什么要来抢占酒店市场,酒店业为什么如此受青睐,他们究竟在抢什么?互联网思维就是以用户为核心,他们抢的当然就是用户,将这种思维模式带入酒店行业,那么酒店管理思维模式转变,其重点就是以客人为中心,一切为了客人。

因此,互联网带来了酒店管理思维转变,即跳出酒店做酒店,一切为了客人。

2.酒店产品服务的升级

早期人们关于"智慧酒店"做了一个刚性需求分析,包括了导图-6所示的内容。

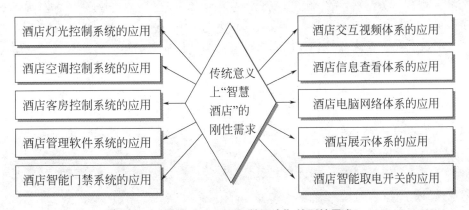

导图-6 传统意义上"智慧酒店"的刚性需求

而到了现在，人们对未来酒店的标配却有了不一样的要求，如导图-7所示。

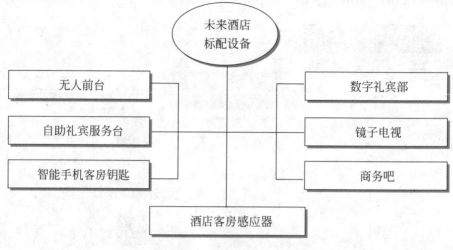

导图-7　未来酒店标配设备

上述导图-6、导图-7两图，同样是酒店硬件设施建设，通过对比，我们可以发现如下变化。

（1）酒店对管理信息化需求变大。比如无人前台、自助礼宾、数字礼宾，越来越倾向于数字化管理，未来的酒店管理必将是趋向于"无人管理"。

（2）酒店越来越注重客人的便捷性。比如说智能手机客房钥匙、镜子电视，方便快捷，是互联网时代客人对酒店的基本要求，具体表现在：一网连接、一手控制、随心所欲。

比如，在布丁酒店，客人只需要通过一部智能手机，就可以实现在酒店活动的全过程。在客人入住的时候，通过与腾讯公司的合作，通过刷脸技术，按照设备的一步步提示指引，客人就可以完成相关手续。在大数据方面，布丁酒店则会进一步分析和了解客人在入店时候的习惯爱好，以做到个性化的贴身服务。在不久的将来，用户也可以设置自己喜欢的房间模式，包括调控和组合自己最习惯的窗帘、温度、灯光、电视的使用方式等，以便营造出家的感觉。

（3）酒店越来越关注客人的个性化需求。

比如，酒店业正在研发的各种不同类型的酒店客房感应器，体温感应器就可以感测客人身体的温度，然后调节酒店客房室内温度；情绪感应器就可以感测客人的情绪，然后根据客人的情绪来播放歌曲。专门针对商务客人的商务吧，会帮助客人准备好各类办公设备、充电器、耳机等，还有的酒店会有迷你吧，提供食物和饮料。

互联网和科技的发达，已经有足够的能力让我们去研究和分析不同的客人需求，我们必须要重新认识和理解我们所提供的服务和服务的产品。

由此可见，互联网带给了酒店产品服务的升级创新，企业应该避免同质化，个性才是王道。

3.酒店运营策略的变革

随着智能手机的普及，大多数人都离不开一个有网的智能手机。有人喜欢看各种新闻，有人喜欢看娱乐八卦，也有人喜欢看电影、听歌……在网络的虚拟世界里，你是一个人，但你在跟一群人玩。

现在有很多人住酒店，习惯于发朋友圈，内容有可能是酒店的客房、餐饮，甚至是一盏灯。在一次一次的分享传播中，酒店的客人在为酒店不停地背书和二次传播，当然这个传播是正面的，最终会形成酒店品牌的口碑。

对于酒店来说，如何实现酒店品牌的口碑传播价值最大化，一个重点就是学会使用爆点思维，用一个点引爆社会化传播。这个点，就是价值观营销。从苹果的"Think Different"，到小米手机"为发烧而生"，就是一个很好的印证过程。

由此可以看出，互联网带来了酒店运营策略的变革，要善用社会化传播，有口碑才有未来。

三、互联网+酒店的发展趋势

以互联网、大数据和人工智能为标志的经济与社会发展日新月异，新兴技术带来的时代变革也促使酒店逐步转型为互联网智慧酒店。

1.互联网+酒店移动化

如今，自助选房、微信支付、开锁退房、呼叫客服等功能均可在手机上实现。以华住世界（Hworld）、如家家联盟为代表的自建OTA平台，用移动互联网降低获客成本，满足用户便捷化使用，顺带提升酒店效率。同时，酒店推出O2O体验购物，酒店发布印有二维码的酒店产品，可实现微信一键支付。酒店大堂设礼品选购区、创意礼品、当地特产，为亲友购置礼物还可快递到家，实现用户购买便捷化。

此外，还有出行移动化。如家与滴滴达成战略合作，滴滴为如家提供酒店出行服务。入住如家客户将享受快捷叫车服务，实现"一键叫车"。

2.互联网+酒店智慧化

消费升级大环境下，年轻人的消费需求被重视，符合年轻人消费口味的产品未来将有更大市场。

比如，华住在汉庭1300多家门店推出门店自助Check-in服务，顾客可以通过终端机完成预订、选房、支付整个流程，最后到前台取房卡和发票，实现酒店智慧化。

阿里旅行未来酒店2.0方案中，"刷脸自助入住"接入公安部门、银联、PMS、身份信息读取、护照扫描等的合作，连接物联网系统让去实体化运营的无人酒店成为可能。

同时，VR、AR等新技术被运用到新兴酒店，为提升客户体验服务。

比如，如家全国首推VR虚拟实景旅行创意体验房，华侨城酒店集团深圳蓝溪精品酒店客房推出虚拟体验装备，带来4D体验感受，为体验虚拟现实旅行服务。

AR技术、蛋壳机、互联技术展示产品、游戏体验、360度、IPTV，使打造智慧化体验式酒店成为可能。部分酒店运用机器人来提供个性化服务，在未来也或成常态。

3.互联网+酒店个性化

互联网将促进传统酒店行业再次变革，凸显个性化，实现体验为王。格局、摆设、用具千篇一律，容易让用户产生疲倦，体验为王时代下，设计师在丰富房型下挥洒创意，打造主题迥异的客房，带来差异化的客房观感和优质体验。

比如，亚朵酒店（Atour Hotel）是以阅读和人文摄影为主题的中高端精品酒店。凭借着"24小时图书馆""属地摄影"两大主题，亚朵成为行业内发展最快、第三方顾客点评最好的连锁人文酒店。亚朵将酒店大堂开辟成藏书千册的24小时免费阅读空间，提供免费茶水，还可借书异地酒店归还。摄影也是增加用户黏性的途径，突出打造摄影主题，聚拢爱好者，收集有城市特色风土古迹、人文风貌的摄影作品，创造摄影师归属感，带顾客了解城市。导图-8为酒店大堂一角。

导图-8　酒店大堂一角

4.互联网+酒店融合化

体验式旅游兴起，游客希望更融入目的地的生活。酒店经营的思维方式，不再是把酒店与所在社区隔离，更要创造一个共融的社交场所。酒店宴会厅可举办社区艺术展览，邀请客户与社区居民举办骑行活动，让酒店形成社区文化交流的场所。

比如，亚朵酒店作为酒店行业的星巴克，大堂书店作为社区书店功能，辐射附近居民看书无需押金，定期邀请作者来书店分享。同样，纽约的Ace酒店欢迎当地人来闲逛，带笔记本电脑来大堂工作。Crosby酒店每周日放映电影。酒店拓展社交功能，并服务周边居民成为融合化的典型。

酒店的融合除了表现在功能性上将社区与酒店融合，在生活方式上游客与本地居民融合打通社交链条，实现沉浸式体验，还包括酒店与其相关业态的融合，在旅游这条大产业链条下，酒店成为客流入口，更好地与后续服务链接互动，盘活整个链条。

看点

> 不管乐不乐意，酒店人的传统思维必须逆转，酒店业必须拥抱变化，迎接移动互联网时代的到来。

第一部分
互联网思维创新
之智慧化建设

 导言

酒店要想增强自身的核心竞争力，最有效的手段就是大规模地应用先进的信息化技术，变革传统意义上的酒店业竞争方式和经营管理模式，进而赢得新的竞争优势。因此，酒店的竞争将主要在智能化、个性化、信息化方面展开，智慧酒店正在悄然兴起。

第一章 智慧酒店概述

随着科技的发展、节能环保形势的严峻、客人的消费舒适度概念的提升、酒店管理意识的提高，酒店智能化已经成为日益热门的话题。

一、智慧酒店的内涵

对于酒店业来说，顺应时代发展，以移动互联网应用为重点，以大数据应用为核心的大数据"智慧酒店"时代也已经悄然来临。

1.智慧的含义

人们一般理解的智慧，是从狭义角度来说的，智慧就是高等生物所具有的基于神经器官（物质基础）一种高级的综合能力，包含有：感知、知识、记忆、理解、联想、情感、逻辑、辨别、计算、分析、判断、文化、中庸、包容、决定等多种能力。

2.智慧酒店的定义

智慧酒店建设隶属于智慧旅游，根据2012年5月10日北京市旅游发展委员会发布的《北京智慧酒店建设规范（试行）》条例，智慧酒店的表述是：运用物联网、云计算、移动互联网、信息智能终端等新一代信息技术，通过酒店内各类旅游信息的自动感知、及时传送和数据挖掘分析，实现酒店"食、住、行、游、购、娱"旅游六大要素的电子化、信息化和智能化，最终为客人提供舒适便捷的体验和服务。

我们可以把智慧酒店理解为：酒店拥有一套完善的智能化体系，通过经营、管理、服务的数字化、智能化与网络化，实现酒店个性化、人性化服务和高效管理。如图1-1所示。

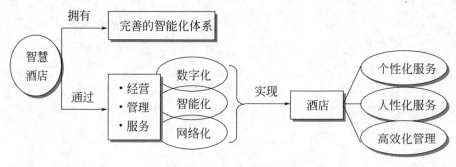

图1-1 智慧酒店的定义

3.智慧酒店的内涵

智慧酒店是基于满足客人的个性化需求，提高酒店管理和服务的品质、效能和满意度，将互联网、物联网、无线通信技术等信息化与酒店经营、管理相融合的高端设计，是实现酒店资源和社会资源有效利用的管理变革。其突出了提供服务的人的行为，以及服务向智能服务的转变，服务过程更具智慧化。

因此，智慧酒店应以提高盈利水平，提升客人体验为目的，体现提高营收、节能降耗、减员增效之价值，依托设备、设施，实现智能化，依托人和各类技术，实现信息化，以人为本、以客户为本、以员工的利益为本、以企业的利益为本。

二、智慧酒店的特点

在智能化时代，信息数字化、数据网络化等高新技术已成为酒店行业不可或缺的一部分。相对于传统酒店来说，智慧酒店具有如图1-2所示的特点。

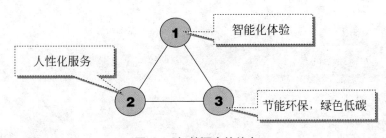

图1-2　智慧酒店的特点

1.智能化体验

智慧酒店拥有一套完善的智能化体系，能够带给客户更加智能化的体验。智能化体系包括智能酒店管理系统、智能酒店娱乐休闲系统、智能信息服务、智能客房服务等，是一个依托现代技术的全方位智能化系统。

比如，连接到iPhone上的"猫眼"，通过iPhone手机的屏幕，就能够显示门外面的画面。或者可以实现酒店的自助订房、身份识别、智能温控系统等方方面面。

2.人性化服务

智慧酒店建设的目标是让客人满意，而人性化是最能提升客人满意度的方面。智慧酒店的人性化建设，需要从提供人性化的酒店设施、经营管理、酒店服务等多方面入手，以高科技为依托，在信息化、智能化建设中，充分考虑客人需求，体现人性化。

3.节能环保，绿色低碳

智慧酒店的绿色环保是其重要特征之一，也是酒店建设需要考虑的要点之一，这个特点可以通过如图1-3所示的几个方面体现。

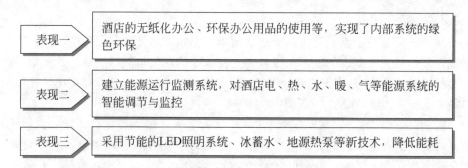

图1-3　智慧酒店节能环保的表现

三、智慧酒店的表现形式

智慧酒店有图1-4所示的三种表现形式。

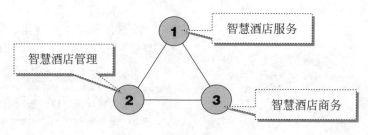

图1-4　智慧酒店的表现形式

1.智慧酒店服务

服务本身就是酒店行业的核心业务，是酒店发展好坏的关键因素。由此，智慧服务也引申为智慧酒店的核心业务，是驱使智慧酒店前进的关键因素。主要表现形式是酒店利用信息化的技术来为住店客人提供更优质的服务，尽可能地满足住店客人在酒店内所有的合理需要。在改善酒店服务质量的时候，也相应提升旅游的服务质量。

🔍 **小提示**

目前，智慧酒店服务方面，重点在于智慧酒店的服务项目的开发以及针对国际客人的多语言的服务。

2.智慧酒店管理

智慧酒店的管理主要是针对酒店各部门的管理而言的，是酒店综合利用智慧化的信息技术对酒店进行智慧化的统一有效管理，为全面提高酒店的管理水平，为创造更高的管理效益提供便捷。

服务质量的好坏直接影响酒店的效益和形象，智慧酒店的智慧管理能加速酒店的管理速度以及提高顾客满意度。

湖北东方夏威夷酒店，其自身的管理系统分布在各个部门之间，对于顾客的要求都存档记录，每位客人的喜好或是要求都被简短精炼地记录在酒店CRM系统中，凡有权限的工作人员能及时地调出每位客人的信息资料，或提前或及时地为客人提供其所需的服务。这样的管理方式，大大提升了服务质量，提高了客户的黏性，凡是入住的客人都会有自己的消费档案记录，提高了客户的终身价值。

3.智慧酒店商务

现在商务酒店很多，而智慧酒店商务是在旅游电子商务和旅游商务的基础上再进一步的发展，是酒店运用新的智能技术进行开发的一种新的运行模式。主要是利用各种技术开展电子商务的活动，为住店客人实现商务的智慧化，提高商务的价值。

智慧酒店的商务建设重点在于电子商务方向以及智慧酒店的网上营销。

四、建设智慧酒店的意义

现在是互联网时代，随着人们越来越习惯于智能家居，他们也会希望在酒店享受到同样的智能化住宿体验。因此酒店必须为客房加入更多智能元素，来满足这种需求，吸引新一代的消费者。具体来说，建设智慧酒店具有图1-5所示的意义。

提升服务质量，提高营业收入

降低酒店的经营成本

为客人提供更为私密、安全的服务

意义

图1-5　建设智慧酒店的意义

1.提升服务质量，提高营业收入

智慧酒店以智能化、信息化的优势可以实现相关设备的智能化服务，可以让客人与酒店服务始终处于在线的服务模式，从而有效提升高效率的服务。

比如，在消费者提出远程服务需求的时候，酒店可以通过在线服务及时为客人做好个性化服务准备，提升客人对酒店服务的满意度。

智慧酒店可以通过为消费者提供个性化、多元化的价值服务，提升智慧酒店的综合竞争力，以高效率、智能化服务模式为智慧酒店创造翻倍的营业收入。

2.降低酒店的经营成本

酒店经营成本中最为重要的一点是酒店能耗，以智能化的模式来控制好酒店的能耗可以最大限度地降低酒店的经营成本。具体做法如图1-6所示。

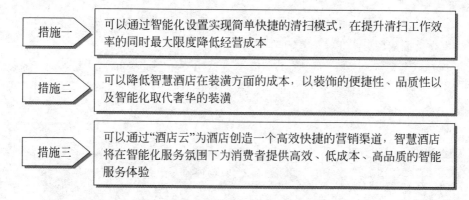

措施一　可以通过智能化设置实现简单快捷的清扫模式，在提升清扫工作效率的同时最大限度降低经营成本

措施二　可以降低智慧酒店在装潢方面的成本，以装饰的便捷性、品质性以及智能化取代奢华的装潢

措施三　可以通过"酒店云"为酒店创造一个高效快捷的营销渠道，智慧酒店将在智能化服务氛围下为消费者提供高效、低成本、高品质的智能服务体验

图1-6　降低酒店经营成本的措施

3.为客人提供更为私密、安全的服务

为客人提供安全私密的酒店服务历来是酒店的核心关注点。智能化酒店管理可以让消费者通过智能终端获得各类资源信息，获得舒适、安全、私密的智能服务体验。

智能理念的植入将成为智慧酒店的闪耀风景，为消费者提供耳目一新的体验之旅。

五、智慧酒店的发展趋势

未来智慧酒店建设，必定会以"绿色、创新、和谐"为建设理念，在"智慧管理、智慧营销和智慧服务"上下功夫，以现代科技为指引，真正实现酒店全方位的智慧化。

1.运用手段上

将来运用手段将更加信息化、数字化、智能化、网络化、互动化、协同化、融合化，在表现形式上充分体现平台化、个性化、支付手段多样化。通过科学技术平台、个性化服务平台以及综合服务平台打造核心价值体系，实现酒店产品的深度开发和信息资源的有机整合，实现酒店资源与社会资源共享与有效利用的管理变革，同时实现科技创新价值、产业支撑价值、经济效益价值以及社会拉动价值。

2.技术应用上

在技术上将广泛使用超声波、人脸识别、智能穿戴设备、虚拟现实、遥感、卫星定位和精准导航（类似喵街）、3D打印、混合云、万物互联、人工智能（AI，包括机器人、语言识别、图像识别、自然语言处理和专家系统等）等高科技以及多样化的移动设备，应用ERP系统、前台人脸识别系统、公共区域内部导航系统、虚拟体验系统、收益系统、数据分析系统、经营决策系统、送物和交流及多项服务智能机器人。

第二章　智慧酒店建设

近年来，互联网的高速发展"催促"着各行各业的革新，而酒店业的发展更可谓是日新月异。其中，智能酒店已经初步成形，对酒店管理软件和酒店智能硬件都提出了更高的新要求，技术被充分利用，创意不断涌现，这些都旨在不断为用户提供更富有新意的住宿体验。

一、智慧酒店的建设要求

由于酒店物耗、能耗、人力等成本的不断提高，以提高酒店管理效率，降低酒店运营成本及为客户提供舒适智能、时尚便捷的体验为宗旨的智慧酒店智能化控制系统已然成了酒店竞争的最新要素。所以未来酒店的竞争，除了传统的设施与装潢的比较，更多的是酒店智能化系统的完善与发展。基于此，智慧酒店的建设要求如图2-1所示。

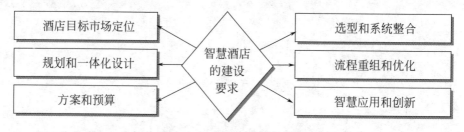

图2-1　智慧酒店的建设要求

1.酒店目标市场定位

一家酒店的生存和发展其实取决于自身的设计定位。

首先，要确定目标市场，主要考虑为什么样的人提供什么样的服务，对象是商务客人、旅游客人、周边居民、附近企业员工、休闲度假客人，还是周围大型设备配套，如医院、游乐场、体育场、景区、学校等。

其次，就要选择和确定位置、类型、规模、配套设施等。

最后，要考虑营销模式、盈利模式、员工构成等经营方面的问题。

> **小提示**
>
> 如果是新开酒店，就要做好酒店的市场定位；如果是在营酒店，则需要重新定位和设计的，这叫颠覆或转型。

2.规划和一体化设计

智慧酒店建设其实等于一个综合、大型的建设项目。在建设之前必须由专业团队或第三方根据酒店定位、战略、经营方针等进行总体规划和一体化设计。包括图2-2所示的内容。

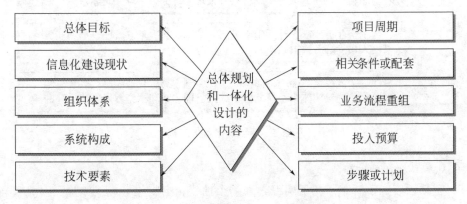

图2-2 总体规划和一体化设计的内容

建设智慧酒店，要做到总体规划和一体化设计分步实施，注重各系统的融合、互通，与业务模式的匹配。

3.方案和预算

对于智慧酒店建设，必须有一定量的人、财、物和时间上的投入，因此，在分步实施和引进系统前必须有具体的实施方案和相关预算，包括系统要达到的效果、主要构成、是否招投标或供应商意向、建成时间要求、预算。

4.选型和系统整合

智慧酒店建设的质量和效果，取决于引进的技术是否先进可靠，选型可以参照ERP管理系统"集成性、先进性、统一性、完整性、开放性"的理念，还要注意系统前瞻性、实用性、系统性、联动性、稳定性。对于酒店集团，由于大多是战略合作或批量购买，要考虑长期、持续地更新、完善和改造，因此还要注重技术提供方的企业成长性和服务质量。

另外，系统和设备购买时要充分考虑与酒店现有设施、设备、酒店人员结构相匹配，建立系统关联，之后还要进行有效的系统整合，以方便维护和使用。

5.流程重组和优化

酒店在提出智慧酒店建设需求和软件购买前，必须围绕规划目标，梳理、优化业务和管理流程，做好服务标准化和管理制度化，这是信息化成功与否、效果好坏的关键，系统实施后还必须持续优化业务流程，具体如图2-3所示。

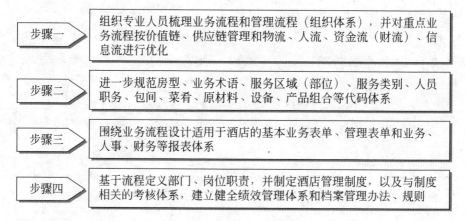

步骤一 → 组织专业人员梳理业务流程和管理流程（组织体系），并对重点业务流程按价值链、供应链管理和物流、人流、资金流（财流）、信息流进行优化

步骤二 → 进一步规范房型、业务术语、服务区域（部位）、服务类别、人员职务、包间、菜肴、原材料、设备、产品组合等代码体系

步骤三 → 围绕业务流程设计适用于酒店的基本业务表单、管理表单和业务、人事、财务等报表体系

步骤四 → 基于流程定义部门、岗位职责，并制定酒店管理制度，以及与制度相关的考核体系，建立健全绩效管理体系和档案管理办法、规则

图2-3　持续优化业务流程

6.智慧应用和创新

智慧酒店在于智慧，在于实现客人的个性化、定制化等最佳体验，因此智慧酒店建设是不能有标准的。酒店在实施时，必须充分发挥人的主观能动性，用互联网、开放的思维和创新意识去设计酒店软硬件、营销策划、建设方案、业务模式和应用场景。要围绕客人需求，从个性化服务、客户满意度方面做文章，创造性地利用现有流行的实用的信息技术，与酒店人、财、物共同作用，从而达到智慧管理、智慧营销和智慧服务，实现酒店开源节流和最佳效益。

二、智慧酒店应实现的功能

酒店智能化是一个不断丰富、发展的领域。酒店作为直接面对客人提供服务的场所，应充分考虑个人隐私、个性化的需求，以及感受高科技带来的舒适和便利。同时，酒店物耗、能耗、人员成本也应考虑降到最低，创造效益。因此智慧酒店至少应实现图2-4所示的各项功能。

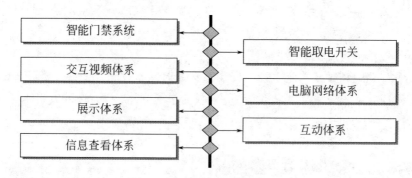

智能门禁系统
交互视频体系
展示体系
信息查看体系
智能取电开关
电脑网络体系
互动体系

图2-4　智慧酒店应实现的功能

1.智能门禁系统

智能门禁安全管理系统是新型现代化安全管理系统，它集微机自动识别技术和现代安全管理措施为一体，它涉及电子、机械、光学、计算机技术、通信技术、生物技术等诸多新技术。它是解决重要部门出入口实现安全防范管理的有效措施。

2.智能取电开关

通过采集取电开关卡片信息进行插卡取电、拔卡断电功能，未经授权的卡，拒绝取电。

3.交互视频体系

交互视频系统也经历了一个发展过程，五年以前基本还是视频点播系统，起视频点播的作用。当时这个技术不错，也有很多人希望在酒店行业里推广，但是再过几年这个技术就落后了。从现在来看，视频点播只是现在视频交互技术的一个基础，而不是全部。许多酒店在淘汰楼层服务员之后，很多酒店的客人不适应，在这种情况之下，如果能够引进交互式的视频技术，既可以达到提高效率的目的，又可以实现管理成本的降低，更重要的是可以使酒店形成一个比较好的数字化品牌。

4.电脑网络体系

入住酒店的多为商旅人士，这个群体对电脑客房的需求率占95%，而出行愿带笔记本电脑的客人仅占百分之十左右。客房需备有电脑网络功能，以满足客人进行互联网冲浪、收发邮件、office软件办公、QQ/MSN聊天、股市行情、网上订票等需求。

5.展示体系

展示体系分为两类，一类是向客人展示自己酒店的资料与服务，比如酒店的发展历程、分支网络、企业文化、酒店服务、特色菜系，方便客人了解；第二类是向客人展示当地的地方特产、风土人情等城市信息，节省客人查阅的时间。

6.互动体系

互动体系即客人能够在客房内与前台服务员进行互动。比如前台服务员发布信息客人立刻就能在客房内查看，客人也可以在房间内进行点餐、订票、租车、退房等请求服务。

7.信息查看体系

客人在房间内可实现信息查询，比如：天气、航班动态、列车时刻、轮船时刻、客车时刻、市区公交、高速路况、市区路况等。

三、智慧酒店的建设内容

智慧酒店的建设应包括图2-5所示的内容。

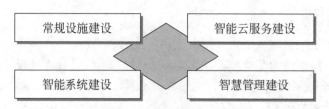

图2-5　智慧酒店的建设内容

1.常规设施建设

智慧酒店要实现电子化、信息化和智能化，为客人提供个性化的服务，需要物联网、云计算、信息智能终端等新一代信息技术，但是也离不开一些常规的设施设备和基本服务，具体如表2-1所示。

表2-1　智慧酒店的常规设施建设

序号	建设内容	具体说明
1	网络与通信系统	（1）网络。酒店应实现无线宽带网络全覆盖，客人在酒店中可以方便地将手机、电脑等终端以无线方式连接上网。客房应配有有线宽带网。酒店应具有带宽管理的技术手段和多种计费方式。应具有防病毒和木马的手段。应具有上网行为监控功能、上网日志记录等功能，对敏感信息进行报警提示。酒店应建有较为完善的宽带信息网络，实现酒店各功能区的有效接入 （2）移动通信。移动运营商信号应覆盖酒店所有区域，能接收移动电话信号，移动通信方便，4G、5G信号覆盖全面，手机语音和数据通信畅通 （3）固定电话。酒店固定电话交换机应接入SIP终端，可从电脑、平板电脑上发起呼叫。可以提供可视电话服务。可以提供电脑收发传真服务。酒店应建有电话报警点，电话旁公示酒店救援电话、咨询电话、投诉电话。客人可拨打报警点电话向接警处的值班人员求助
2	广播电视系统	客房里的电视机应能收看适宜数量的中文节目和外文节目，具有视频点播功能，配备有线和卫星电视；酒店公共区域应能播放背景音乐
3	会议设施	会议室是酒店尤其是大型酒店的基本功能区，智慧酒店的会议室应该具备以下功能或设施 （1）应具备灯光分区控制、亮度可调节、隔音效果好、有同声传译的功能 （2）应具备会议投票、表决、主席控制系统 （3）应具备电视电话会议功能，有多媒体演讲系统 （4）应具备远程会议系统 （5）应具备会议自动签到系统 （6）应具备会议统计系统 （7）应通过网络或智能终端等设备提供预订服务

续表

序号	建设内容	具体说明
4	网站服务	酒店应建设具有独立国际、国内域名的酒店官方网站；网站应提供多语言信息服务；应建有手机WAP网站及手机APP应用，实现与网站资源共享；建有网站电子商务平台，提供7×24小时网上咨询、预订与支付服务
5	数字虚拟酒店	酒店应运用三维全景实景虚拟现实技术、三维建模仿真技术、360度实景照片或视频等技术建成数字虚拟酒店，实现虚拟漫游。数字虚拟酒店应在酒店网站、触摸屏、智能手机上发布

小提示

以上这些设施设备和服务应该应用最新信息技术，能够对酒店内各类信息进行自动感知、及时传送和数据挖掘分析，建立起智慧酒店需要的信息感知与传输平台、数据管理与服务平台和信息共享与服务平台。

2.智能系统建设

智能系统是智慧酒店的核心系统，包括智能停车场管理系统、自助入住/退房系统、智能电梯系统、智能监控系统、智能信息终端系统和智能控制系统等。如表2-2所示。

表2-2 智慧酒店的智能系统建设

序号	建设内容	具体说明
1	智能停车场管理系统	酒店应建设智能停车场管理系统，提供智能卡计时、计费或视频车牌识别计时计费服务；车库入口应显示空闲车位数量；应提供电子化寻车、定位、导引。停车场智能控制系统以集成了用户个人信息的非接触式IC卡作为车辆出入停车场的凭证，以先进的图像对比功能实时监控出入场车辆，以稳定的通信和强大的数据库管理软件管理每一个车辆信息。该系统将先进的IC卡识别技术和高速的视频图像存储比较相结合，通过计算机的图像处理和自动识别，对车辆进出停车场的收费、保安和管理等进行全方位管理
2	自助入住/退房系统	智慧酒店应提供手持登记设备（TABLET）进行远程登记服务，或在酒店内建有自助取卡登记/退房系统，客人进入酒店，选择登记，提供身份证等有效证件，经过系统核实后，进入房间自选模块，选定房间后，系统提示顾客缴纳押金。押金缴纳完毕，系统自动吐出房卡。退房时，工作人员确认无误后，系统给予退房权限，顾客交房卡，系统进行结算。顾客可选择打印发票或账单

序号	建设内容	具体说明
3	智能电梯系统	智慧酒店应建设智能电梯系统，通过RFID技术自动识别旅客房间卡信息，升降至旅客所在楼层；无卡者进入电梯，应拒绝其任何按键操作；应配备盲文，供盲人操作。智能电梯具有安全和节能的特点，使酒店变得更加高档，更加智能化。授权用户通过刷卡才能使用电梯，访客需通过对讲系统或通过门厅保安发临时授权卡才能使用电梯。有效地阻止了没必要的电梯运行能耗，如小孩玩耍乱按电梯，使用电梯者按错楼层。真正做到电梯的有效运行，延长电梯的使用寿命
4	智能监控系统	智能监控系统应具有防盗功能、防破坏功能，视频清晰度高，能在黑夜环境中识别车牌号码；应设置电子围栏，对超过围栏的，进行提醒；图像信息可供其他系统调用；应识别火灾并与消防系统联动
5	智能信息终端	客房信息终端应支持多种形式（电视、电话和移动终端），应支持多种功能（包括音视频播放、全球定位功能、带有便携式操作系统、能进行3G无线通信、能进行触摸控制、支持无线网、支持视频通话、具有较高的分辨率），应支持多种语言
6	智能控制系统	客房智能控制应设置控制单元，网络通信方式支持TCP/IP方式传输数据，可扩展性好。智能终端应控制空调、灯光、电视、窗帘等，具有模式（睡眠、舒适等）设定功能。客房内应有节能措施
7	其他控制系统	还应有智能导航系统（自动感应旅客的房卡信息，点亮指示牌，指引旅客找到自己的房间）、智能可视对讲系统（为旅客提供视频咨询服务）和电视门禁系统（通过电视视频看到来访者实时图像）

3.智能云服务建设

智慧酒店的智能云服务建设内容如表2-3所示。

表2-3　智慧酒店的智能云服务建设

序号	建设内容	具体说明
1	信息呈现	智慧酒店的信息呈现应包括以下八个方面的信息 （1）通过网站和智能信息终端显示酒店所在地的天气、温度和房间内的温度、湿度、空气质量等信息 （2）通过网站和智能信息终端显示酒店介绍、酒店公告、酒店特色餐饮、会议设施介绍、服务指南和客房展示等信息 （3）通过网站和智能信息终端显示航班、火车、长途汽车、地铁、公交等信息及其线路图 （4）通过网站和智能信息终端显示酒店周边"吃、住、行、游、购、娱"信息 （5）通过网站和智能信息终端提供地图查询服务 （6）通过网站和智能信息终端显示旅客消费明细

续表

序号	建设内容	具体说明
1	信息呈现	（7）通过网站和智能信息终端发布公告 （8）通过网站和智能信息终端发布公益信息、地域文化、政策法规等内容
2	多媒体服务	智慧酒店多媒体服务主要包括以下四方面的服务内容 （1）通过网站和智能信息终端为旅客提供租借物品服务、客房服务、点餐服务 （2）通过网站和智能信息终端为旅客提供查看前台留言、通知退房服务 （3）连接酒店收费系统，将消费账合并到客房计费 （4）餐厅提供平板电脑智能点餐服务

4.智慧管理建设

酒店智慧管理系统包括ERP系统、PMS系统、CRM系统以及应急预案和应急响应系统，具体如表2-4所示。

表2-4 智慧酒店的智慧管理建设

序号	建设内容	具体说明
1	ERP系统	ERP系统（Enterprise Resource Planning企业资源计划），包括物资管理、人力资源管理、财务管理
2	PMS系统	PMS系统（Property Management System物业管理系统），包括预订、查询客房状态、留言、出账管理、报表、夜审等功能，方便与其他系统对接
3	CRM系统	CRM系统（Customer Relationship Management客户关系管理系统），包括客人回访、建立客人档案、满意度调查、投诉处理等功能，对各类数据进行挖掘分析，提供多种方式进行在线预订服务
4	应急预案和应急响应系统	应急预案和应急响应系统须提供报警终端、摄像头、号角喇叭等设备，具备集成音视频报警、视频监控和广播喊话等功能

🔍 **小提示**

除以上内容外，酒店应与旅游行政主管部门实现技术对接，配合旅游行政主管部门在线监管，实现旅游数据的及时上报，完成上下旅游信息的对接。

四、智慧酒店的实现方法

随着近年来物联网+智能家居火热，通过智能科技升级来实现“智慧酒店”，进而优化成本、利润和人才结构，正备受酒店行业青睐。酒店要想升级为智慧酒店，可通过图2-6所示的方法来实现。

利用现有资源进行升级改造
做好差异化经营
丰富客人住店场景
突出个性化和定制化服务

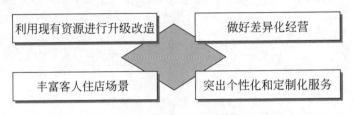

图2-6 智慧酒店的实现方法

1.利用现有资源进行升级改造

酒店可利用现有设施、设备和系统等资源进行升级改造，实现节能环保和改善客户满意度。

目前，大部分智慧酒店建设是在营酒店的改造，考虑到前期投入和因地制宜因素，我们可以立足现有设施、设备和信息系统，在客户历史需求和入住数据分析以及系统整合可行性分析的基础上，进行有限地投入和新技术的应用。具体措施如图2-7所示。

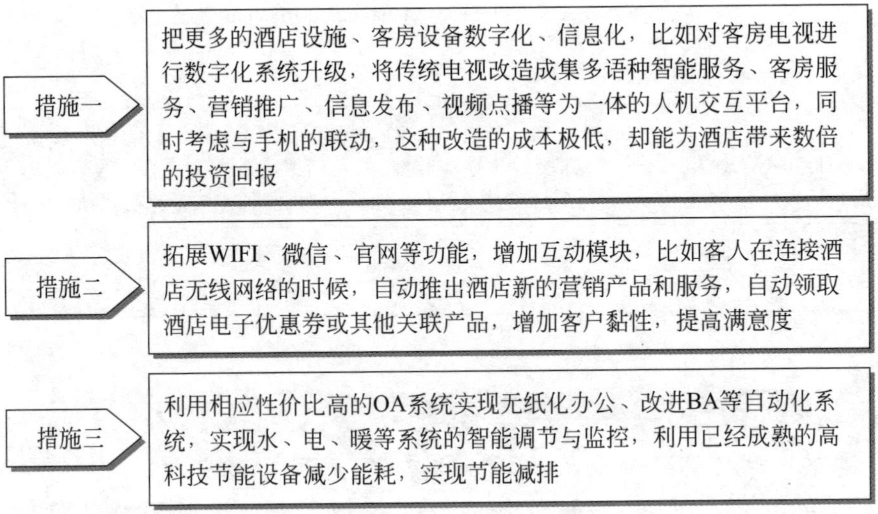

措施一
把更多的酒店设施、客房设备数字化、信息化，比如对客房电视进行数字化系统升级，将传统电视改造成集多语种智能服务、客房服务、营销推广、信息发布、视频点播等为一体的人机交互平台，同时考虑与手机的联动，这种改造的成本极低，却能为酒店带来数倍的投资回报
措施二
拓展WIFI、微信、官网等功能，增加互动模块，比如客人在连接酒店无线网络的时候，自动推出酒店新的营销产品和服务，自动领取酒店电子优惠券或其他关联产品，增加客户黏性，提高满意度
措施三
利用相应性价比高的OA系统实现无纸化办公、改进BA等自动化系统，实现水、电、暖等系统的智能调节与监控，利用已经成熟的高科技节能设备减少能耗，实现节能减排

图2-7 利用现有资源进行升级改造的措施

2.丰富客人住店场景

丰富客人住店场景，更多地充实客人碎片化时间，提升对客体验。现代人特别是年轻人的生活节奏很快，对服务也十分苛刻，到酒店不再是单纯为了吃住，而是追求符合个性需求的多样化、异样化体验，因此，酒店不能停留在笑脸、高档设施设备、流程化服务上，因针对不同客人，利用信息化手段丰富客人住店场景。具体措施如图2-8所示。

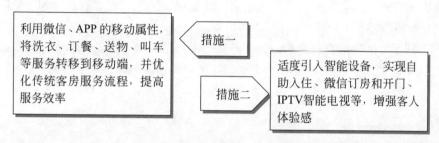

利用微信、APP 的移动属性，将洗衣、订餐、送物、叫车等服务转移到移动端，并优化传统客房服务流程，提高服务效率　措施一

措施二　适度引入智能设备，实现自助入住、微信订房和开门、IPTV智能电视等，增强客人体验感

图2-8　丰富客人住店场景的措施

3.做好差异化经营

针对酒店定位和客群，引进先进的智慧化技术，做好差异化经营，让客人流连忘返。智慧酒店重在智慧的广泛和不断地应用，技术上由技术提供方智慧地去想方设法利用新技术去持续满足酒店的不同需求，经营管理上要由酒店全体人员智慧地去分析酒店定位和酒店服务对象，考虑什么时候用多少投入选什么样的技术去实现酒店新的服务和管理。

如今，住宿业门类众多，酒店业态丰富，酒店的竞争仍在加剧，利用互联网、移动互联网、物联网和各种信息化手段做差异化经营是一种很好的选择。

比如，一些主题特色酒店、民宿等可以应用全流程智慧化服务，从入住、消费、活动到离店可以充分利用自身设施齐全、功能强大、档次高的特点，利用先进技术增加相应的高端服务，如用人脸识别系统知道重要客人享受专属服务，进行快捷入住、消费等，用VR虚拟现实和AR增强现实技术满足客人房间和酒店放映室或游戏室的高端享受。湖北嘉航酒店在应用先进技术来提升客户体验方面做出非常多的尝试，取得了很好的效果。

4.突出个性化和定制化服务

通过大数据实施精准营销，应用智慧化手段突出个性化和定制化服务，引起客人高度满意。

虽然当今酒店获取外部信息的数量、质量、时效上还远远满足不了酒店应用于经营管理方面的大数据分析需要，但来自酒店内部的PMS前台系统、CRS中央预订系统、CRM客户关系管理系统和微信、官网及客控、梯控等控制系统的数据已经不少，基本可以将这些储存在介质或终端或云端的内部经营数据进行有效采集、汇总、处理和分析，再通过与相关联的航空公司、景区、外部餐饮、商城或游船公司合作，产生出客人职务、行业、年龄阶段、性别、生日、家庭成员、出发地、旅行目的地、同行者、入住酒店类型、房型、天数、就餐、口味、购买商品、娱乐、用车等大量有用数据。

酒店可以对这些数据进行智慧酒店改造，做酒店营销活动设计，搞酒店和相关业态的合作和信息共享，对客人或会员进行终身或全程智慧管家服务，把精准营销做到极致。

比如，组织某类客人参加购物、游玩、派对等活动，为客人准备生日相关礼物，入住前交流和迎接，在店享受自己喜欢的房间、用品、美食、健身、用车、旅行安排和各项贴身、精细、到位的个性化和定制服务。

 **相关链接**

智能化技术促酒店创新

1.运用智能化技术，实现酒店组织创新

酒店是一个成熟的行业，但同时它也有着更顽固的传统企业的弊端，如过于严格的管控体系使组织失去了对外界的敏锐性；过于依赖经验导致不容忍创新与试错；过分强调对规范的服从割裂了服务的过程与流畅；过多地强调工作胜任力而抹杀了员工的创造性等。

互联网以全新的方式在颠覆传统技术工具的同时，更颠覆着传统的组织治理结构。智能化技术的运用为酒店摆脱"企业病"，实现组织再造提供了方法和机会。万物互联基础上的商业生态环境使资源整合与信息交流更为方便快捷，从而从技术层面改变了酒店封闭僵化的传统生存空间，得以实现有效的组织转型，进而构建起持续的"价值创造""价值传递"和"价值共享"的生产逻辑。

因此在酒店智能化建设过程中，我们应高度重视智能化带来的环境改变，在与所有利益相关者共生的基础上，让智能化赋能组织，让大数据发挥作用，强健酒店组织肌体，从内在动力上强化酒店的生命力。

2.运用智能化技术，推动酒店产品价值创新

生态文明时代，人们追求高品质的休闲化需要、追求时尚的体验性消费需要和追求人性回归的怀旧式需要，共同划定了消费市场的基本特征。

作为人们生活重要的组成部分，酒店不再仅仅是满足消费者吃、住、行、游、购、娱的场所，而应成为消费者生活方式的引导者、品质生活的参与者、

幸福人生的共行者。

品质生活是指人们生活的品位和质量，追求生活品质的提高，反映出人对生活的热爱和把握以及生活中游刃有余、充满乐趣的一种状态。就酒店而言，品质生活体现为客人与酒店形成的一种其乐融融的情绪状态，这就要求酒店产品突破简单的功能满足，凸显酒店生活的"意义"，创造消费的幸福体验。

智能化时代，大数据驱动替代产品驱动，成为消费价值创造的主要动力。所谓大数据是指通过对个体数据的收集、整理、分析，把握消费者的消费习惯和特点，感知消费需求，把握消费变化趋势，并能够产生强大驱动能力的信息。经过专业处理的大数据立体而完整地呈现出客户画像，使业者更加准确地认识和贴近消费者。

客户需求决定产品的市场，以智能化为前提的大数据成为充满价值的宝藏。智能化能为我们提供一个平台，大数据则为精准化经营奠定了坚实的基础。因此，在酒店智能化过程中，较之于服务的智能化，业者应更多关注于经营的智能化，应更加重视有利于提升收益空间的经营智能化系统的建设。

3.运用智能化技术，促进酒店服务艺术创新

真诚亲切是对酒店服务的基本要求，更是酒店服务产品的价值所在。酒店服务正是通过员工与客人的互动来实现情感的传递，因此面对面的服务是酒店实现情感交流、营造服务产品温暖感的前提条件，故而在酒店智能化发展过程中，我们不能因为用工难的困惑和用工成本的考量而曲解智能化的功效，更不能一味地使用机器去替代人工服务，须知冷冰冰的机器人可以是一时的噱头，但永远代替不了员工与客人之间具有温度的情感交流。

对待智能化，我们应该立足行业属性，清晰地划出人工服务与智能、机器之间的界限，以维持行业的基本特征。在这里，尤其需要引起业者关注的是，智能化提升了酒店的服务效率，同时也对酒店精细化管理提升和员工素质培养提出了更高的要求。

我们需要改变长期以来过于重视员工工作胜任力，过分强调员工服从的管理模式，要向注重员工创新力培养，注重员工规范前提下灵活、高效、准确的"创造性服务"素质养成的开放性管理模式转变。我们需要通过制度、流程与规范的变革来激活员工，调动每一位员工的潜在能量，形成酒店组织内部1＋1＞2的整合力量。

在这一模式下，智能化技术的使用不应过多纠缠于一线的对客服务环节，而应充分考虑楼宇系统、采购系统、物品仓储系统、人事管理系统等后场支撑体系的智能化创新和技术运用，进而以效率的提升、精细化的管理强化酒店的保障功能，由此实现降低酒店用工压力和人力成本的任务，也就是说智能化带

来的用工减少应在二线而不是一线。

在智能化时代，酒店员工的个人素养对服务产品价值的影响更为显著。技能是酒店的看家本领，智能化对员工素养提出了新要求，更重新定义了酒店技能的内涵。服务品质的理解能力、消费心理的洞察能力、产品创新的审美能力、服务节奏的把控能力、情感沟通的交流能力、现代技术的使用能力等成为员工技能的主要内容。

因此，在智能化时代，酒店应投入更多的时间、精力和资金，致力于员工整体素养的提升，培养和形成一支与智能化相匹配的员工队伍，真正发挥智能化的综合效益。

第三章　酒店物联网建设

智能互联产品不断发展，显示着人类将真正开始进入到以互联网、智能物联技术、大数据开发和利用为主要特征的物联网时代。酒店业是一个时代性的行业，今天的酒店和酒店竞争格局必然随着物联网这股浪潮正激烈地重塑着。

一、物联网的概念

物联网是新一代信息技术的重要组成部分，也是"信息化"时代的重要发展阶段。其英文名称是："Internet of things（IoT）"。顾名思义，物联网就是物物相连的互联网。这有两层意思，具体如图3-1所示。

物联网的核心和基础仍然是互联网，是在互联网基础上的延伸和扩展的网络

其用户端延伸和扩展到了任何物品与物品之间，进行信息交换和通信，也就是物物相息

图3-1　物联网的概念

小提示

物联网通过智能感知、识别技术与普适计算等通信感知技术，广泛应用于网络的融合中，也因此被称为继计算机、互联网之后世界信息产业发展的第三次浪潮。

二、物联网对酒店的影响

在物联网时代，智能化产品在酒店操作层面的应用，给酒店带来前所未有的深刻变化和挑战，主要体现在图3-2所示的几个方面。

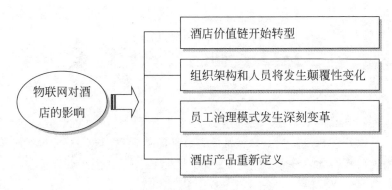

图 3-2　物联网对酒店的影响

1.酒店价值链开始转型

智能化产品的新功能、新能力将迫使酒店的传统部门架构转型。这种转型，是以酒店产品的重新定义、研发为起点，辐射到酒店整条价值链。传统酒店职能边界辐射发生变化，全新的职能部门或许不断涌现。

2.组织架构和人员将发生颠覆性变化

（1）PMS系统的使用、人脸识别系统、VR选房、智能入住、全场景消费等各项功能将彻底改变前厅部岗位职能和操作常规，去前厅化趋势明显。

（2）简单、重复、机械的劳动密集型岗位如PA、房务员、管事员、保安员等岗位会逐步全部或大部分被人工智能设备/机械所替代。

（3）工程部原有的"运行+维护"工作内容会有深刻变化。在智能物联网时代，酒店空调、消控、给排水等机械设备上的智能监测设备，时时将数据信息传递给厂家和酒店中央控制中心，根据酒店实地情况自动调节设备开启时间，智能管控着温度、灯光、消防监控，机械设备的售后服务将会更及时。这些变化，不仅能耗成本有可能降低，也会影响工程部人员配置。

（4）酒店集团客户数据信息实现共享，关联企业客户信息数据互联互通，行业内数据交互交叉趋势明显。利用数据，发挥数据全部价值的能力将是酒店竞争优势的关键来源。因此，酒店将更加注重对大数据的深度（数据深度挖掘）和广度（数据生态圈关联数据）的开发和利用。数据分析师、数据构建师这样的全新岗位将出现，传统的IT人员受到挑战和冲击。

> **小提示**
>
> 在精准大数据支持下，酒店销售将彻底告别"扫楼抓瞎""撒网捕鱼"的粗犷营销模式，精准营销真正到来。

3.员工治理模式发生深刻变革

未来酒店的组织职能不再是分派任务和监工，而更多是让员工的专长、兴趣和客户的问题有更好地匹配，这往往要求更多的员工自主性、更高的流动性和更灵活的组织。

我们甚至可以说，是员工使用了组织的公共服务，而不是酒店雇用了员工。两者的根本关系发生了颠倒，改善组织边界成为必然。通过权责、信息、能力和激励四个杠杆，激发员工的积极性、创造性，使之思维和行动与酒店组织目标协调一致。

员工个体的多元、独立、自由属性，使得酒店管理者必须真正意识到，变化的不仅是组织架构，更多的应该是管理思维。一切皆变，一切皆存在。懂得数据挖掘和利用，掌握IT、财务、销售业务的复合型高级管理人才大受欢迎。

4.酒店产品重新定义

满足客户多层次、个性化社交需求的产品有了新的标准。客房电话、保险箱或许很快从客房消失。壁挂电视将会被便携移动影视音频设备取代；智能化交互设备大量在客房展示。客房常规标配的杯具、床品、洗漱用品将会被基于对客户喜好数据的理解，而更多实现个性化灵活配置。

在满足客人生理和安全深层次需求之后，酒店开始注重客户多元的、多层次、个性化的社交需求，如亚朵、劫啡酒店的快速成长。进而酒店在满足客户高阶、多元、个性社交需求的过程中，逐步实现客户的"自我满足"高阶需求。

三、酒店物联网的优势

酒店物联网是将酒店设施与互联网结合，达到信息交换和通信。相比传统的酒店模式，酒店物联网有图3-3所示的几个优势。

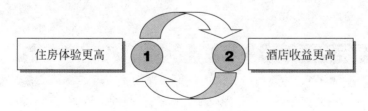

住房体验更高　①　②　酒店收益更高

图3-3　酒店物联网的优势

1.住房体验更高

酒店物联网可实现在手机APP上进行自助订房、退房、续房。订房成功后，系统自动分配房间。客人在手机上获取客房密码，身份识别成功后便可成功入住。整个过程无需人工参与，方便、快捷。客房到期前半小时，系统将自动提醒客人，客户如果有续房需要，可及时续订，解决了客人想要续房但房间已被预订的困扰。系统在客人退房后立即联系保洁人员，对房间进行打扫清洁，保证房间彻底清洁后，系统才开启订房服务。

在未进入客房前，客人可以根据自己的喜好，对房间的温度、湿度进行控制，同时也可以控制房间的窗户、窗帘、灯光、电视、空调等，让客人在入住时，立即感受舒适。想想客人长途奔波后，进入温暖的房间，这时洗澡水已经放好，放下行李进到浴室，美美地泡一个澡，整天的疲惫都消失了。酒店物联网APP能自动记录下客人的喜好，下次住房时优先推荐，大大增加客人的服务体验。

整个房间保持恒温，房间中的二氧化碳、粉尘过高时，系统自动开启排风口进行通风，时刻让客房保持最佳住宿环境。住房内，可语音控制灯光、电视等，当客人睡着后，能自动关灯。如果客人有夜盲症等原因晚上不喜欢关灯，可在手机上自行调整。

2.酒店收益更高

客人在订房后，当即手机支付费用才能预定成功，有效地避免了逃账、赊账的情况出现。手机APP上需要本人正确的身份信息填写，通过互联网获取客人的信誉度，若低于最低标准，将拒绝客人的住房请求。房间内的用品（零食、泡面、沐浴花瓣等）在房间预订支付时，清楚表明并合计到总费用中。客人退房后，在保洁人员确定没有消耗后，退还给客人。如果发现有故意损坏房间设施后，记录该客人的行为，在获取联系后不承担责任将扣除其信誉度，并以法律手段解决。

智能化的酒店服务更能吸引客人的入住，增大住房量。酒店物联网系统会自动发布整理酒店客房住宿信息。首先推荐住房率高、客人评价高的酒店物联网，并且能通过定位为客人推荐最佳的酒店选择，让酒店客房空置的情况减少，增加收益。

酒店物联网办理客人的订房、退房都是智能操作，无需前台服务，酒店可适当减少前台人数，节约成本。

小提示

酒店物联网集高效、舒适、方便于一体，更能吸引客人；优质的服务能增加客人的回头率。酒店的智能化无疑是酒店突破性地改变，它带来的收益是可观的，在物联网的时代能稳稳跟上脚步。

四、酒店物联网的构成与功能

人工智能的到来，把正在纷繁的酒店业科技化带入"下半场"，智能服务将深入整个酒店旅行周期乃至核心业务环节。

比如，作为专业的物联网智能服务公司——紫光物联基于iOS、Android及微信平台开发的创新型智慧酒店综合服务与管理平台，就打造了一个全新旅居的物联网智慧酒店，其系统构成如图3-4所示。

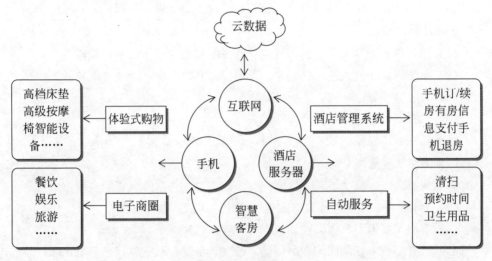

图3-4 酒店物联网系统构成

图3-4所示的酒店智能助理解决方案，通过智能交互助力酒店服务提升，增强用户体验，提升酒店运营场景智能化，实现传统酒店向智能酒店转型。具体功能如下。

1.手机自助订房
（1）简化入住流程，手机直接订房并支付。
（2）无需人工参与，系统自动分配房间。
（3）免去OTA平台佣金（20%）。
（4）节约前台人工成本（2～4人）。

2.空调智能化
（1）进入客房即可享受符合自己个性需求的温度。
（2）打造可以控制客房湿度的酒店。
（3）钟点房客人体验感更好，进入房间即可享受舒适的温湿度。
（4）系统具有记忆功能，第一次选择以后，下次入住时系统自动推荐。

3.开门更便捷
（1）手机开门，无需前台领卡，直接进入房间，省去前台领卡时焦急等待。
（2）无需接触服务人员，手机订房后直接开门。

4.智慧客房控制

（1）寒冷的冬天，可以在被窝里用手机调节空调温度。

（2）早晨醒来，在床上打开窗帘看海景、日出。

（3）美妙的音乐想听就听。

（4）躺在床上用手机控制灯光、窗帘、排风扇、空调、电视机、音乐……

5.智能睡眠系统

（1）系统可监控客人的心跳，发现异常及时报警，避免喝酒后危险。

（2）系统可监控客人的呼气频率，发现异常及时报警，避免睡眠猝死。

（3）可以打印睡眠报告，了解睡眠质量。

（4）睡眠后，忘记关灯，系统帮助关灯。

（5）睡眠后，温度过低，容易感冒，系统帮助升温。

6.客房空气质量调节

（1）入睡后，如果二氧化碳浓度过高，系统自动开启排风或新风调节。

（2）PM2.5过高，系统自动开启窗户和排风扇或空气净化器。

（3）客房保持恒温、恒湿状态。

（4）实时监测入住期间的客房环境：温度、湿度、粉尘颗粒、二氧化碳。

7.手机自助续房、退房

（1）退房和续订用户自主完成，不需要通过前台排队。

（2）可以提前退房，预约开发票，避免早晨高峰期和晚高峰期客人的漫长等待。

五、物联网在酒店公共场合的应用

公共场合是一个酒店的主体，根据功能的不同，大体上可分为营业场所（大堂、宴会厅）、内勤办公场所和公共空间（走廊、卫生间）三部分。

这些公共场合应该提供优美的灯光环境、更高的使用功效及更多的附加值。通过物联产品，可以让独具特色的温暖贴心服务成为酒店的一部分，同时，更为管理者提供更高效的管理手段，使酒店物耗、能耗、人员成本降到最低，创造更多的效益。

1.大堂

中庭/大堂可采用多种可调光源通过智能调光始终保持最柔和最优雅的灯光环境。可以根据一天的不同时间、不同用途精心地进行灯光场景预设置，使用时只需要调用预先设置好的最佳灯光场景，使客人产生新颖的视觉效果。操作既可以由现场的物联无线调光开关就地控制，也可以通过设在大堂吧台的监控平台来控制。图3-5为物联无线调光开关。

在客人进出较多的时段，打开大堂全部回路的灯光，以方便客人进出。客人进出较少时段，打开部分回路的灯光，此区域照明控制集中在相关的管理室，由工作人员根据具体情况控制相应的照明。操作既可由现场就地控制，也可由中央监控计算机控制，还可设置时间控制，方便酒店管理者的集中管理。

图3-5 物联无线调光开关

一个高档次的酒店，静静流淌的背景音乐是必不可少的，物联无线墙面开关正是将这种理念传承下来，工作人员只需轻轻按下开关，系统设置好的音响设备便会自动打开，操作简单，让每个人在第一次接触时就得心应手。如图3-6所示。

2.宴会厅

酒店宴会厅的关键要求在于舞台连接，要让室内舞台管理小组可以在活动过程中完全控制房间的灯光。物联无线调光开关就可以通过舞台灯光控制台实现无缝整合，为各种功能提供灯光场景。智能照明控制系统还可以更加轻松地控制公共区域的灯光，大大降低因人工控制导致人为错误的发生概率。由于调光功能有助于延长灯泡的使用寿命，还可以明显降低能源成本，因此酒店照明控制系统便具有了效率高、维护方便的优点。

图3-6 物联无线墙面开关

宴会厅一般是酒店客人相对比较集中的地方，利用物联无线空气质量探测器、物联无线温度湿度感应器来及时转换新鲜空气，随时调整空气中的温湿度，显然是为广大的客人提供了更好的用餐环境，让客人在享受美味的同时，视觉与感觉同时获得满足。如图3-7所示。

图3-7 物联无线温湿度感应器

就餐时，难免有吸烟的客人，除了要净化宴会厅的空气外，酒店还可通过物联无线烟雾（火警）探测器对现场进行实时监测，避免火灾的发生。

3.酒吧区域

通过物联无线调光开关，我们可以让酒店的主要员工对酒吧的整个照明环境进行完整地控制，灵活地营造各种氛围，以适应休闲、聚会或者特殊活动过程中照明需求的变化，让酒吧为客人呈现缤纷绚烂的效果。

在过去，大型空间的照明开关和调节通常需要一排排的墙壁开关来完成，让人眼花缭乱。如果操作人员幸运的话，某些开关上可能会刻有标记。但是令人沮丧的是，员工不知道哪个开关可以控制哪个功能，所以经常会有错误发生。

现在有了物联无线调光开关，酒店员工就可在监控平台设置不同的场景模式，并配有相应的文字提醒，确保所有的员工都可以轻松看懂使用。

4. 会议室

在会议室进行智能化设置，可以轻松地进行灯光场景的调用以及各种音响设备控制，快速满足客人对于室内照明环境及音效的要求。同时，智能设计的物联无线温度湿度感应系统及物联无线空气质量监测系统能为参加会议的客人提供舒适的环境，从而达到会议所寻求的满意效果。

另外，物联无线红外转发器的使用，也大大减少了对机器的操作步骤，与会者只需一个遥控器、一台电脑甚至是手机就能控制会议室的所有电器设备。

5. 走廊/楼梯间/车库/卫生间

如何在满足客人需要的同时，更有效地解决能源？采用物联无线调光开关，结合物联无线红外入侵探测器，当其工作区域内空置时，灯光亮度会降低30%，当有人进入时，亮度会马上恢复到100%，这样就可以节约一笔可观的能源。如图3-8所示。

由于一天中有些区域并不经常使用，所以这些区域更加适合安装物联无线红外入侵探测器，在不需要照明时将灯光关闭，这样可以节约能源。同时在必要的照明环境下，部分灯光根据酒店每天的运营情况进行走廊以及车库的定时启用。根据不同季节、不同时间段进行照明的自动管理，帮助酒店的管理者更好地利用能源、管理能耗。

图3-8　物联无线红外
入侵探测器

6. 核心区域

有些场合，显然不能随便让人进出。例如酒店的监控中心、管理中心等。那么，一套高效的安检系统肯定是必不可少的。

物联无线门、窗磁感应器，正是为这个安检系统量身打造的一款产品。它可以隐蔽地安装在重要门窗内，并且从外表根本看不出来。一旦有人非法开启门窗，那么感应器可立刻将相关信息传输给控制中心，也可以立刻触发报警装置，为客人提供万无一失的安全保证。如图3-9所示。

图3-9　物联无线门、
窗磁感应器

六、物联网在酒店客房中的应用

让客人有宾至如归的感觉、最大限度地满足客人个性化的需求，将成为酒店客房服务所面临的新竞争点。在这方面，物联产品占据着明显的竞争优势，它所提供的智慧、安全的私密化空间，将使改造后的酒店客房能够吸引广大客人为了追求享受而专程入住。

1.提供人性化的智慧服务

（1）提供体贴的"迎宾"服务。客人入住时，插卡取电，系统预设模式可自动切换成"迎宾"模式，室内灯光缓缓亮起，悠扬的背景音乐静静流淌，典雅的电动窗帘徐徐关闭，电视音响也已开启。

（2）提供不同的场景模式。客人可根据自身需求，通过物联无线场景开关设置不同的场景模式，"浪漫时光""影院模式""优质睡眠"……让客人在酒店也能享受居家的乐趣。如图3-10所示。

图3-10　物联四键场景开关

比如，贴心的"优质睡眠"模式，在客人休息时关闭主卧灯光，自动调暗过道与卫生间灯光，让客人的夜间行走更加方便，更可拥有整晚精致睡眠。

2.提升客房的安全性能

（1）配备物联无线紧急按钮。每间客房都配备物联无线紧急按钮，当客人在房中发生意外情况时（如老年人不小心滑倒），可及时按下紧急按钮，酒店监控平台便会在第一时间收到求助信号，为客人提供便捷、快速的特殊应急服务。如图3-11所示。

（2）提供客房密码服务。客人入住间前，酒店可提供特殊的客房密码服务。通过Zigbee无线技术，让客人的苹果、安卓等智能手机，在住店期间可与客房

图3-11　物联无线紧急按钮

图3-12　密码智能锁

图3-13　物联无线烟雾
（火警）探测器

物联无线红外入侵探测器相连。如图3-12所示密码智能锁。

如此一来，当有人靠近或进入客房时（如服务员进入客房打扫卫生），客人的智能手机就能及时收到提示，并自主选择是否进行视频查看。如果亲友来拜访时，不巧正在外面，那么客人也可通过手机提示知道来人是谁，从而电话沟通后再约时间，十分方便。

如果有人企图非法闯入，酒店安保系统也会在第一时间接到警报，迅速作出安排，确保入住客人的人身财产安全。

客人退房后，酒店管理系统也将自动更换客房密码，不影响下一位客人的正常使用。

（3）配备物联无线烟雾（火警）探测器。客人入住后，24小时都有物联无线烟雾（火警）探测器的默默守护。酒店监控平台也可随时监测每间客房中的烟雾范围及空气温度，一旦温度超过65℃，空气中烟雾超过设定值，就会及时发现危险，采取积极措施，杜绝火警的发生，让客人住得更安心。如图3-13所示。

3.打造舒适的客房环境

（1）物联无线温度湿度传感器，营造舒适的室内温湿度环境。当客人在前台登记入住时，监控平台通过与酒店管理系统的接口获取客人的入住信息，室内的物联无线温湿度传感器自动获取相关数据，并根据需求将与之相联的空调系统和加湿器设定到较为舒适的温湿度，为客人提供舒适的客房环境。

客人取卡离开后，酒店管理系统可将客房内温湿度设定在特定值，使空调与加湿器低速运行，降低客房能耗。客人再次进入房间内，插卡取电后，系统恢复客人离开前设定的模式，以减少客人重复设定的麻烦。客房内实际温湿度及客人设定温湿度均可实时传送到监控平台服务器，以方便进行客房管理。

（2）物联无线空气质量探测器，带来室内清新空气。时刻保持室内新鲜空气，为客人全力打造清新的入住环境。在客人登记入住前，无线空气质量探测器便已实时将室内空气中CO_2、温度、湿度、VOC等数据自动传输到监控平台，随时监测，当这些数值超过设定值时，与之相连接的空调、通风设备等自动开启，快速净化室内空气，在客人入住时就能享受舒适环境。如图3-14所示。

4.带来更多的服务体验

（1）无线智能插座的应用。通过物联无线智能插座的巧妙设计，客人可以方便地把电器插入，酒店不必再担心杂乱的电源插座线会影响客人入住的心情。内置自动断电装置，电力只在需要时被使用，更好地为酒店节约了能源。操作简单，客人可轻松连接使用该装置。如图3-15所示。

加入Zigbee无线网络后，客人还可以在局域网或者互联网内使用智能手机、平板电脑等设备自动或手动控制插座的开和关。产品根据现代酒店客人需求设计开发，体现酒店尊贵和无微不至的人性化服务。

（2）无线红外转发器的应用。酒店的物联无线红外转发器可以控制任何使用红外遥控器的设备（电视、空调、电动窗帘等），客人入住期间，通过无线网关的相关设置，就可轻松使用智能手机来控制这些设备。简单直观的操作，更好地服务客人。如图3-16所示。

图3-14 物联无线空气质量探测器

图3-15 物联无线智能插座

图3-16 物联全角度红外转发器

第四章　酒店大数据建设

随着云计算的诞生，各行各业都迎来了大数据的时代。"大数据"这一互联网领域的主流词汇，也开始触动着各个行业的神经，酒店行业亦是如此。合理而恰当地利用数据，对酒店服务、酒店管理都有重大的意义。

一、大数据的概念

大数据（big data），指无法在一定时间范围内用常规软件工具进行捕捉、管理和处理的数据集合，是需要新处理模式才能具有更强的决策力、洞察发现力和流程优化能力的海量、高增长率和多样化的信息资产。

二、大数据的意义

大数据技术的战略意义不在于掌握庞大的数据信息，而在于对这些含有意义的数据进行专业化处理。换而言之，如果把大数据比作一种产业，那么这种产业实现盈利的关键，在于提高对数据的"加工能力"，通过"加工"实现数据的"增值"。

三、大数据的特征

"大"是大数据的一个重要特征，但远远不是全部。大数据还具有图4-1所示的"4V"特征。

1.数据规模大（Volume）

大数据通常指100TB（1TB=1024GB）规模以上的数据量，数据量大是大数据的基本属性。根据国际数据资讯（IDC）公司监测，全球数据量大约每两年就翻一番，预计到2020年，全球将拥有35ZB的数据，并且85%以上的数据以非结构化或半结构化的形式存在。

2.数据种类繁多（Variety）

数据种类繁多、复杂多变是大数据的重要特性。随着传感器种类的增多及智能设备、社交网络等的流行，数据种类也变得更加复杂，包括结构化数据、半结构化数据和非结构化数据。其中，10%是结构化数据，存储在数据库中；90%是非结构化数据，与人类信息密切相关。

图4-1 大数据的特征

3.数据处理速度快（Velocity）

新时代人们从信息的被动接受者变成了主动创造者。数据从生成到消耗，时间窗口非常小，可用于生成决策的时间非常短。

4.数据价值密度低（Value）

数据呈指数增长的同时，隐藏在海量数据的有用信息却没有相应比例增长。恰恰相反，挖掘大数据的价值类似沙里淘金，从海量数据中挖掘稀疏珍贵的信息。

比如，商场的监控视频，连续数小时的监控过程中有可能有用的数据仅仅只有几秒钟。

四、酒店大数据的分类

在酒店行业，对用户行为进行大数据分析，并以此为依据开展酒店运营及定价策略管理早已拉开序幕。

比如，阿里于2014年9月入股石基信息，旨在将后者拥有的国内酒店大数据和自身的线上资源相整合，共同进军酒店餐饮O2O市场。接着，携程于2015年3月25日宣布将旗下的慧评与中软好泰重组成立众荟，并将佳驰、客栈通一并纳入基础软件事业部，致力于建设国内首个酒店业全数据平台。

对于酒店行业来说，一位顾客从预订行为产生，再到入住行为完成，这一系列的动作中，大约会产生以下三类数据。

1.住前数据

住前数据即入住行为发生前产生的数据，包括顾客在网页及App中的搜索、浏览、预订、相关产品选择等。这类数据，能够非常客观地反映出用户的真实需求与偏好。

比如，某家酒店点击率高的房型，一定是消费者最为关注的；某类型（高端、中档、精品等）酒店中搜索量最多的品牌，一定是某一时期口碑最好的；某酒店品牌搜索量、预定量最高的门店，一定是在软硬件上拥有独特优势……

此外，顾客付款又取消后的流向、对点评的关注程度等，都是对酒店管理者来说极具参考价值的数据。然而，住前数据中的大部分高价值内容都被OTA牢牢掌握，目前国内酒店想要大规模地获取还存在一定难度。

2.住中数据

住中数据即入住过程中形成的数据，包括房价、RevPAR、入住人数，以及对酒店哪类增值服务的需求最多、餐厅的哪些食品最受欢迎、入住和离店的时间分布、投诉事件发生的原因等。

这部分数据，能够一定程度上反映出酒店的整体经营状况，也是国内酒店目前掌握得最多、使用最广泛的数据。

一般来说，住中数据的大部分内容，酒店能够在PMS系统中获取，另外一些部分，则必须借助大数据分析工具的帮助。

3.住后数据

住后数据即客人入住完成，离店之后的反馈数据，如对酒店的整体评价、对某一特定区域或服务的评价，甚至离店之后的流向（是否有转向其他酒店消费）、希望今后享受到怎样的产品和服务等。

这部分数据可以较真实地反映出酒店产品及服务在顾客眼中的价值，同时，这些数据也是酒店进行质量管理、新产品开发、市场营销和竞争策略调整的最重要依据。

然而，住后数据的获取本身就存在一定难度（可能需要针对性的回访、开发调查问卷等），加之国内酒店对这一部分数据的认识和使用也较晚，因此，针对住后数据的持续开发、使用，很可能会成为今后酒店管理者的重点关注方向。

相关链接

酒店需要什么样的大数据

目前酒店行业大概有以下几种数据分布。

1.酒店自身的数据信息

包括酒店基础数据、运营数据和经营数据。如酒店位置、品牌、星级、物资采购、财务规划，以及营收、利润、入住率、客单价等，这些信息都是酒店自身运营过程中所产生的数据，一般通过酒店的HR、财务系统、采购系统等即可获取，属于可洞察的数据。

2.客户数据信息

包括客户的性别、年龄、偏好等属性，以及客户行为和消费数据，如喜欢使用什么样的搜索引擎，偏好哪种支付方式，选择了什么样的房型，入住时间长短，是否选择了酒店的康体服务、接送机服务等。这部分几乎是对客户的全景式扫描，有助于酒店建立客户画像，进行精准式营销。

3.酒店的外部信息

这部分数据是产生在酒店之外的、与酒店经营又息息相关的信息，包括OTA数据、社交媒体数据、行业协会数据以及网络公开信息等。

不同类型的酒店，对数据的需求也不一样。比如经济型酒店更需要基础数据，而商务型酒店更看重行业和客户数据，以便于进行个性化的定制和营销服务；豪华型酒店则重视行业上下游数据的融合。

五、酒店大数据的作用

随着行业生态不断饱满，各类细分品牌涌现，市场竞争日益激烈。与此同时，消费者的需求升级，使其对服务品质、品牌文化、产品个性有了更高的要求。如何更好地探测核心客群需求，为其提供恰当的产品与服务，决定了品牌能否在下一个竞争阶段中脱颖而出。

而大数据，便能够从图4-2所示的两个方面为酒店做出帮助。

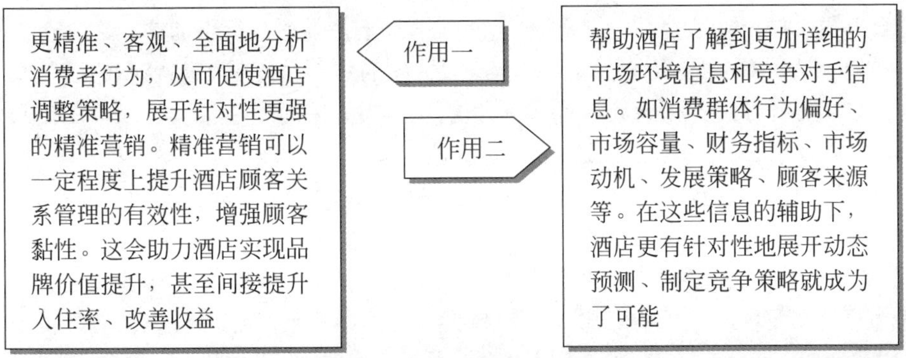

更精准、客观、全面地分析消费者行为，从而促使酒店调整策略，展开针对性更强的精准营销。精准营销可以一定程度上提升酒店顾客关系管理的有效性，增强顾客黏性。这会助力酒店实现品牌价值提升，甚至间接提升入住率、改善收益

作用一

作用二

帮助酒店了解到更加详细的市场环境信息和竞争对手信息。如消费群体行为偏好、市场容量、财务指标、市场动机、发展策略、顾客来源等。在这些信息的辅助下，酒店更有针对性地展开动态预测、制定竞争策略就成为了可能

图4-2 酒店大数据的作用

六、酒店大数据的爆发点

酒店服务业与上下游企业关系密切，但上下游的数据存在隔阂，酒店与出行结合在一起才有意义，这就需要把生态链打通。

比如，在精准营销应用中，不知道客户进门后如何建立数字化的基数点，不知道客户从哪儿来，而在数据融合后，酒店的营销也就会更加精准。

因此，酒店大数据的爆发点主要集中在图4-3所示的两个方面。

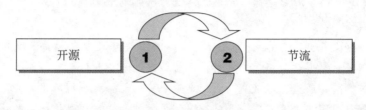

图4-3　酒店大数据的爆发点

1. 开源

开源可以让酒店更加精准营销，促进获客，主要可以从以下几个方面入手。

（1）交叉营销。由于酒店与出行的上下游关系，可以根据客户属性多维度地进行刻画，将不同维度的属性与酒店消费行为进行交叉、关联。

比如，在获得航空公司等上游的信息后，精准推荐匹配的酒店；酒店还可以根据客户的商品消费数据，在进店后进行捆绑销售、搭配销售相关产品；通过历史数据，分析出关联数据，如情人节红酒的销量明显地增长，酒店还可以提前做出预测。

（2）个性化体验。酒店应该卖的是生活，年轻人更愿意为自己的喜好买单，而酒店要想做出好的"生活"体验给客户，离开大数据是行不通的。因此个性化的体验，是所有酒店都想做到的。但是个性化的体验，能够带来多高的转化率和续约率，需要对接上下游数据将其进行量化、货币化。如果说提高了8%的用户体验，能够带来10%的收益回报，马上就会成为爆点。

（3）动态定价模式。通常消费者会在携程、酒店官网上比价，由此酒店价格制定策略就显得非常关键。首先可以实时监测价格，大数据平台将PMS、CRS、FI等不同数据相互关联，比如整合了多种数据源，将同类竞争对手和各渠道上的价格每天及时汇总，结合酒店内部基础数据（房间、人员）进行动态调整，使效益最大化。

实行动态定价模式需要一定的经验，应根据不同的房价类型、房型及市场细分进行房价的组合。在定价方面，数据、分析法及软件正发挥着日渐重要的作用。

2.节流

节流可以减少酒店房间空置和其他资源的浪费，具体可从以下几个方面入手。

（1）节能。对于体量巨大的酒店而言，能源是一块重要的成本支出项，如何优化能源安排、降低成本是单体酒店和集团层面需要考虑的问题。同时，由于能源设备的集中采购，单一门店的成功试点推广可以为整个集团带来丰厚的利润回报。在积累了大量的数据信息之后，对故障设备、故障类别、故障部门等指标进行大数据分析，按照时间和门店维度，在庞杂的信息中，发现潜在的规律和价值。

比如，通过对损坏灯泡的分析，发现损坏灯泡品牌较为集中，因此酒店对灯泡采购进行了重新梳理，剔除了故障率大和能耗过高的品牌，从灯泡能源这一项来看，大数据分析可为酒店节约1000万元以上的成本。

（2）运营管理。酒店行业数据相对低频，酒店如果想进行变革，需要把横跨酒店、出行等这些相对容易看到的数据采集下来，变成一个相对比较高频的数据，才可以提前预测，知道哪些场景是客人相对比较多频的场景，从而进行整合、分享。基于此，酒店管理层还需要灵活运用各式各样的技术，为酒店创收，减少投诉。

（3）选址。酒店选址决策系统是酒店一直想做但难做的，需要整合商圈、客流、潜客、市场、物业等层面的海量信息。也因此，需要在数据共享基础上拉通，再通过对这些信息进行大数据分析，可以得出投资回收期、内部收益率等财务指标，为集团决策提供参照依据。

七、酒店大数据的应用环节

大数据的核心在于可以帮助客户挖掘数据中蕴藏的价值，而不是简单的数据计算。酒店可从前期市场定位、营销管理、收益管理和客评管理这几个管理环节入手，通过大数据的应用来推进工作，最终构建正确的产品，赢得更多的忠诚客户，提高市场竞争力，实现收益最大化。

1.前期市场定位

建造一座酒店，首先要进行项目评估和可行性分析，只有通过项目评估和可行性分析才能最终决定是否适合建造一家酒店。如果适合建造一家酒店，那么应该考虑图4-4所示的问题。

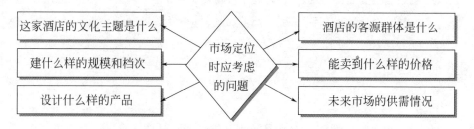

这家酒店的文化主题是什么		酒店的客源群体是什么
建什么样的规模和档次	市场定位时应考虑的问题	能卖到什么样的价格
设计什么样的产品		未来市场的供需情况

图4-4　市场定位时应考虑的问题

以上这些内容都需要在酒店建造之前来确定，也就是我们常说的前期市场定位。

建造一家酒店不仅需要投入大量的资金，而且建设期一般需要3～5年或者更长，建造成本很高；一旦酒店建好投入运营，再想改变其市场定位就非常困难了，可以说前期市场定位是一项不容有任何偏差的工作，否则，将会给投资商带来不可估量的后期损失。由此看出，前期市场定位对建造酒店非常重要，只有定位准确乃至精确，才能使建造出的酒店与未来市场环境相适应，构建出能满足市场需求的酒店产品，使酒店在竞争中立于不败之地。然而，要想做到这一点，就必须有足够的相关数据和市场信息来供酒店研究人员分析和判断，仅凭工作经验是远远不够的。

通常，在酒店前期市场定位中，相关数据的收集主要来自于统计年鉴、行业管理部门数据、相关行业报告、行业专家意见及属地市场调查等，这些数据多存在样本量不足、时间滞后和准确度低等缺陷，酒店研究人员能够获得的信息量非常有限，使准确的市场定位存在着数据瓶颈。随着大数据时代的来临，借助云计算和数据挖掘技术不仅能给研究人员提供足够的样本量和数据信息，还能够通过建立数学模型借助历史数据对未来市场进行预测，为研究人员数据收集、统计和分析提供了更加广阔的空间。

小提示

仅靠酒店本身来完成大量数据的收集和统计分析工作是有困难的，还需要相关数据公司的帮助，为酒店制定更精准的前期市场定位。

2.营销管理

在酒店市场营销工作中，无论是产品、渠道、价格还是顾客，可以说每一项工作都与市场数据息息相关，而图4-5所示的两个方面又是酒店市场营销工作中的重中之重。

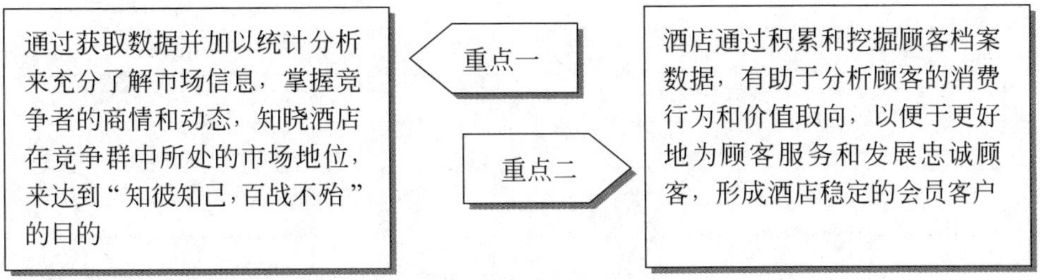

通过获取数据并加以统计分析来充分了解市场信息，掌握竞争者的商情和动态，知晓酒店在竞争群中所处的市场地位，来达到"知彼知己，百战不殆"的目的	重点一 重点二	酒店通过积累和挖掘顾客档案数据，有助于分析顾客的消费行为和价值取向，以便于更好地为顾客服务和发展忠诚顾客，形成酒店稳定的会员客户

图4-5 酒店市场营销工作重点

（1）市场信息收集方面。在传统的市场竞争模式中，由于酒店获取数据资源的途径有限，只能够依靠有限的调查数据对个体竞争者进行比较分析，无法全面掌握市场动态和供需情况，特别是竞争态势，更难以确定酒店在竞争市场中所处的地位，给酒店制定正确的竞争策略带来困难。随着酒店营销管理理念的不断更新，原有传统营销模式已面临着严峻的挑战，对管理者准确掌握市场信息、精确了解竞争对手动态、制定合适的价格提出了更高的要求。市场竞争的分析也由原来简单的客房出租率、平均房价、RevPAR分析转化为对竞争群的数据分析。

比如，市场渗透指数（MPI）、平均房价指数（ARI）、收入指数（RGI）等，从维度上讲还有时间维度、市场份额及同比变化率等。

通过这些市场标杆数据的分析，可以使酒店管理者充分掌握市场供求关系变化的信息，了解酒店潜在的市场需求，准确获得竞争者的商情，最终确定酒店在竞争市场中的地位，从而对酒店制定准确的营销策略、打造差异化产品、制定合适的价格起到关键的作用。而大数据的应用，正是需要酒店获取这些市场数据，并通过统计与分析技术来为酒店提供帮助。

比如，周四胡先生正在安排家庭周末自驾游时，突然收到孝感乾坤国际大酒店的推广信息，此推广信息不单是客房的推广，还包括了餐饮、娱乐场所及附近孝感双峰山、天紫湖、金卉庄园等景点的信息，这对于正在安排周末旅行的客人很重要，抽调了客人选择这家酒店的概率。

又如，周一上午，某公司行政助理正在给领导安排出差旅行，突然在互联网上找到某商务酒店推出接机住店一条龙服务产品，并突出酒店在网络会议室多方面有很大的优势，此行政助理选择这家酒店的概率也会很大。

综合所述，营销的本质就是在恰当的时间地点，恰当的场景和恰当的消费者产生连接。

（2）顾客信息收集方面。在对顾客的消费行为和取向分析方面，如果酒店平时善于积累、收集和整理顾客在酒店消费行为方面的如图4-6所示的信息数据，便可通过统计和分析来掌握顾客消费行为和兴趣偏好。

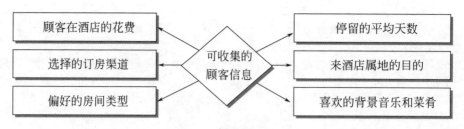

图4-6　可收集的顾客信息

　　如果酒店积累并掌握了这些数据，当顾客再次到店时发现你已经为他准备好了喜欢入住的房间，播放着他爱听的音乐，为他推荐喜欢吃的菜肴，那么他已经是你的忠诚顾客了。

　　比如，当客人是准备和家人来酒店为自己庆生，那酒店就可以在客人入住的时候送上诚挚的祝福以及个性化的礼物；客人之前在其他酒店有入住记录，记录了客人对水果、电视节目以及空调温度有一定的偏好，酒店方面如果在客人入住前就提前做好安排，当客人一打开房间，看到房间里摆放着自己喜欢吃的水果，播放着自己喜欢的节目，房间的温度非常舒服，客人对酒店就会有很好的第一印象；如客人在上次入住酒店时有不好的印象，酒店的控房员在提前排房时，看到系统的提示，就可以根据酒店的入住率为客人做一次免费的升级，并留在系统中告知前台的员工，前台员工在办理入住问候客人时就可以提到这个个性化的安排，对客人来说是多么惊喜。

　　因此，可以说数据中蕴含着出奇制胜的力量，如果酒店管理者善于在市场营销中加以运用，将成为酒店在市场竞争中立于不败之地的利器。

大数据时代，做好营销需要准备什么？

　　准备一：确定企业的短中期目标和标准

　　大数据的资源极为繁杂丰富，如果企业没有明确的目标，就算没有走入迷途至少也会觉得非常迷茫。因此，首先要确定企业运用大数据的短中期目标，定义企业的价值数据标准，之后再使用那些能够解决特定领域问题的工具，逐步推广，步步为营，不要把理想定得太高，否则会很失望。

　　准备二：备好大数据相关技术人才

　　企业运用大数据为营销管理服务之前，技术团队要到位是基础。企业的营销团队要能够非常自如地玩转数据。

准备三：解决碎片化问题

企业启动大数据营销一个最重要的挑战，就是数据的碎片化各自为政。许多公司组织中，数据都散落在互不连通的数据库中，而且相应的数据技术也都存在于不同部门中，如何将这些孤立错位的数据库打通、互联，并且实现技术共享，才是能够最大化大数据价值的关键。营销者应当留意的是，数据策略成功将提升网络营销成效，要诀在于无缝对接网络营销的每一步骤，从数据收集到数据挖掘、应用、提取洞悉、报表等。

准备四：培养内部整合能力

要做好大数据的营销运用，其一，要有较强的整合数据的能力，整合来自企业各种不同的数据源、各种不同结构的数据，如客户关系管理、搜索、移动、社交媒体、网络分析工具、普查数据以及离线数据，这些整合而得的数据才是定向更大目标受众的基础。其二，要有研究探索数据背后价值的能力。未来营销成功的关键将取决于如何在大数据库中挖掘更丰富的营销价值，比如站内、站外的数据整合，多方平台的数据接轨，结合人口与行为数据去建立优化算法等都是未来的发展重点。

3.收益管理

收益管理作为实现酒店收益最大化的一门理论学科，近年来已受到业界的普遍关注并加以推广运用，收益管理的含义是把合适的产品或服务，在合适的时间，以合适的价格，通过合适的销售渠道，出售给合适的顾客，最终实现酒店收益最大化目标。要做到以上五个要素的有效组合，图4-7所示的三点是此项工作的三个重要环节。

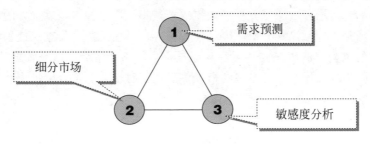

图4-7 做好收益管理的重要环节

（1）需求预测。需求预测是通过数据的统计与分析，采取科学的预测方法，通过建立数学模型，使酒店管理者掌握和了解潜在的市场需求、未来一段时间每个细分市场的订房量和酒店的价格走势等，从而使酒店能够通过价格的杠杆来调节市场的供需平衡，并针对不同的细分市场来实行动态定价和差别定价，具体如图4-8所示。

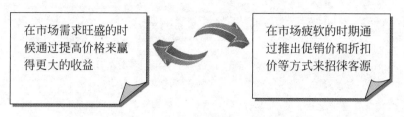

在市场需求旺盛的时候通过提高价格来赢得更大的收益

在市场疲软的时期通过推出促销价和折扣价等方式来招徕客源

图4-8　需求预测后的处理

通过以上措施的实行，以此来保证酒店在不同市场周期中的收益最大化。需求预测的好处在于可提高酒店管理者对市场判断的前瞻性，并在不同的市场波动周期以合适的产品和价格投放市场，获得潜在的收益。

（2）细分市场。细分市场为酒店准确预测订房量和实行差别定价提供了条件，差别定价是通过对同一种酒店产品（如同类型的客房、餐食和康体项目等）按不同的细分市场制定不同价格的行为和方法，其特点是对高支付意愿的顾客收取高价，对低支付意愿的顾客收取低价，从而把产品留给最有价值的顾客。其科学性体现在通过市场需求预测来制定和更新价格，最大化各个细分市场的收益。

（3）敏感度分析。敏感度分析是通过需求价格弹性分析技术，对不同细分市场的价格进行优化，最大限度地挖掘市场潜在的收入。酒店管理者可通过价格优化方法找到酒店不同市场周期每个细分市场的最佳可售房价，并通过预订控制手段为最有价值的顾客预留或保留客房，较好地解决了房间因过早被折扣顾客预订而遭受损失的难题。

大数据时代的来临，为酒店收益管理工作的开展提供了更加广阔的空间。需求预测、细分市场和敏感度分析对数据需求量很大，以往多是以采集的酒店自身的历史数据来进行预测和分析，容易忽视外界市场信息数据，难免使预测的结果存在一定的离差。酒店在实施收益管理过程中如果能在酒店自有数据的基础上，借助更多的市场数据，了解更多的市场信息，同时引入竞争分析，将会对制定准确的收益策略，赢得更高的收益起到推进作用。

4.客评管理

网络评论，最早源自于互联网论坛，是供网友闲暇之余相互交流的网络社交平台。过去，顾客住店后对酒店在互联网上的评价，也就是我们常说的客评，并没有引起酒店管理者的足够重视，针对顾客反映的问题，多数酒店没有做到及时地回复甚至是根本不回复，日常管理中是否及时解决了客评中反映的问题就更不得而知了，这不仅拉大了与顾客之间的距离，而且顾客与酒店之间的信息显得更加不对称，失去了酒店与顾客情感互动和交流的机会。

随着互联网和电子商务的发展，如今的酒店客评已不再是过去简单意义上评论，已发生了质的转变，由过去顾客对酒店服务简单表扬与批评演变为多内容、多渠道和多维度的客观真实评价，顾客的评价内容也更趋于专业化和理性化，发布的渠道也更加广泛。因此，如今的客评不仅受到了酒店管理者的重视，更是受到消费者的高度关注。如图4-9所示客户评价截图。

综合评分：5.0分　2018-08-22

公司安排住这里，感觉挺方便的，楼下就是地铁口，服务人员也都不错，赞

酒店回复：尊敬的宾客，您好：感谢您的肯定与支持~我们也会越来越努力，为迎接大家的再次光临做足准备~ 酒店总经理 Sissy

综合评分：5.0分　2018-08-22

前台服务好，各方面也都不错。

酒店回复：亲爱的宾客，您好：您的满意就是对我们最大的认可，我们将以热情的服务，舒适的房间期待您的到来，小如在这里等你归来！酒店总经理 Sissy

综合评分：5.0分　2018-08-22

房间干净整洁，性价比高，地理位置好方便

酒店回复：尊敬的宾客，您好：十分感谢您能选择我们酒店作为此行的下榻之所。如您所言，酒店选址便捷优越的地理位置，配套设施齐全，干净整洁的环境，贴心周到的微笑服务，旨在为您褪去旅途奔波的倦意，给下一个驿站传递满满的活力。感谢您的支持，小如期盼您的再次归来，祝您身体健康，阖家幸福，酒店总经理 Sissy

图4-9　客户评价截图

有市场调查显示，超过70%的客人在订房前都会浏览该酒店的客评，这成为主导顾客是否预订这家酒店的主要动机因素之一。从某种角度看，客评在互联网走进人们生活的今天已成为衡量酒店品牌价值、服务质量和产品价值的重要要素。多维度地对客评数据进行收集、统计和分析将会有助于酒店深入了解顾客的消费行为、价值取向和酒店产品质量存在的不足，对改进和创新产品、量化产品价值、制定合理的价格及提高服务质量都将起到推进作用。要做到这一点，就需要酒店平时善于收集、积累和统计客评方面的大量数据，多维度地进行比较分析，从中发现有价值的节点，将会更有益于推进酒店的营销和质量管理工作，从中获取更大的收益。

🔍 **小提示**

只要酒店平时善于积累、收集、挖掘、统计和分析这些数据，为我所用，都会有效地帮助酒店提高市场竞争力和收益能力，赢得良好的效益。

八、酒店大数据的应用步骤

不少酒店经营者都存在这样一个思维误区：只要拥有了数据，就拥有了价值；数据越多，就代表价值越多。这种思路本身是没有错误的，但在发展过程中，许多从业者对数据的理解和认知还停留在极浅的层面，他们并没有意识到，数据本身是没有价值的，只有加以分析和利用之后，才会产生价值。而价值的大小，也因分析方式、使用方式的不同而异。因此，酒店经营者应按图4-10所示的步骤来加强大数据在酒店管理中的应用。

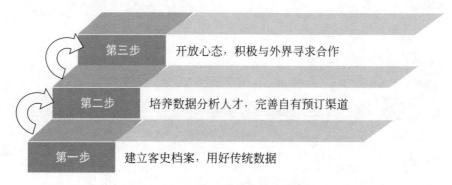

第三步　开放心态，积极与外界寻求合作

第二步　培养数据分析人才，完善自有预订渠道

第一步　建立客史档案，用好传统数据

图4-10　酒店大数据的应用步骤

1.建立客史档案，用好传统数据

客史档案的建立，是酒店CRM（Customer Relationship Management客户关系管理）的基础。通过CRM增加客户忠诚度，提升利润，是国外酒店市场20世纪80年代就在琢磨的事情了。

比如，客人一到酒店后，便会在房间发现自己常用的洗浴用品、在茶几上找到自己常读的杂志、在餐厅收到定制的特殊食品，这些都是优秀CRM的案例。这些看似奇妙的故事总会让酒店管理者怦然心动，但只要做好客史档案，善用传统数据，这些事件也有可能在自己的酒店上演。

酒店的传统数据，包括但不局限于出租率、平均房价、RevPAR、GOP等。对于使用PMS系统的酒店而言，这类数据的归纳整理显然不是问题。因此，对这类数据展开精细分析，除了能够帮助酒店开展CRM外，还可以帮助酒店明确经营变动轨迹，在一定程度上总结出市场变动规律。

2.培养数据分析人才，完善自有预订渠道

当今行业内，除了部分已经非常重视数据化发展的大型集团外，多数酒店品牌是没有专门的数据分析、研究人才的，尤其是中小型甚至单体酒店，其原因如图4-11所示。

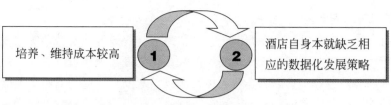

培养、维持成本较高 ① ② 酒店自身本就缺乏相应的数据化发展策略

图4-11 酒店缺乏专门数据人才的原因

但如今随着互联网+、云计算等趋势的不断深入，各行业受到影响的剧烈程度非往日可比。在未来的发展过程中，专业力量的继续缺失，终将暴露弊端。

而自有预订渠道的完善，可以在一定程度上带来引流，从而将"住前数据"从OTA手中夺回。这部分的完善，一方面指官网、微信、App等渠道的建设，另一方面也指会员制度要对在自有渠道预订的客户给予更多开放权益。

3. 开放心态，积极与外界寻求合作

目前，越来越多的专业数据服务平台在市场中涌现。基于技术实力和团队，这类平台能够为企业提供海量数据的深度分析服务，提升合作方的整体信息利用率和决策能力。

相比互联网和科技领域的企业而言，酒店集团仍然比较传统。在条件合适的前提下，与专业的数据平台展开合作，也许会成为下一个行业热点趋势。对于实力更为强劲的大型集团，选择成立自己的数据分析团队，也并非不可能。

九、酒店大数据的应用场景

我国酒店信息化建设起步较晚，多数酒店对大数据的利用仍停留在传统的数据"单纯"处理阶段。因此，应从以下几方面出发，将大数据充分运用于酒店市场拓展、顾客需求分析等方面，提升酒店经营管理水平。

1. 数据管理标准化

为了确保酒店管理更加科学化与自动化，应采取良性循环发展的酒店管理方式。具体措施如图4-12所示。

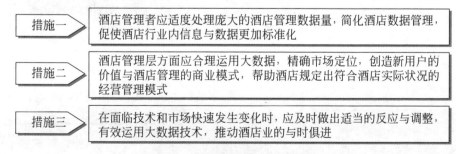

措施一 酒店管理者应适度处理庞大的酒店管理数据量，简化酒店数据管理，促使酒店行业内信息与数据更加标准化

措施二 酒店管理层方面应合理运用大数据，精确市场定位，创造新用户的价值与酒店管理的商业模式，帮助酒店规定出符合酒店实际状况的经营管理模式

措施三 在面临技术和市场快速发生变化时，应及时做出适当的反应与调整，有效运用大数据技术，推动酒店业的与时俱进

图4-12 数据管理标准化的措施

2.信息管理安全化

目前，技术系统设计存在漏洞、客户信息泄露等问题经常在各酒店发生，威胁着酒店经营管理与发展。因此，酒店的大数据管理系统应及时更新，设置出专门的技术部门，专业负责酒店客户、运营相关信息安全，提高酒店相关信息安全的加密性能，降低隐藏的信息安全风险。并且，通过注重酒店数据的安全性，保证酒店信息的正常流动。

> **小提示**
>
> 相关技术部门可设计酒店数据管理的具体标准，将酒店风险降到最低，提升消费者满意度，提高酒店收益率与影响力。

3.酒店建设智慧化

大数据环境下，构建智慧型酒店经营管理模式是推动酒店业健康长远发展的主要力量。客房建设是酒店业经营管理的主要组成部分。因此，酒店业经营管理者应不断提升认识，积极投入智慧型酒店客房的建设。具体措施如图4-13所示。

措施一 应利用线上酒店预订平台，开展相关合作，搜集线上酒店信息，实现网络共享的大数据库。具体而言，整合酒店内部系统信息，与酒店外部之间形成资源共享，进而构建智慧型酒店经营管理

措施二 酒店研究部门应积极开发酒店信息系统，充分借助现有在线交流平台，构建一个独立型的信息收集平台，并收集客户信息，构建健全的客户信息数据库

图4-13　酒店建设智慧化的措施

4.数据运用理念化

有效的酒店经营管理离不开大数据技术的支撑，因此作为酒店经营管理者应不断加强运用大数据技术的理念。具体措施如图4-14所示。

措施一 应培养将专业技术人才、酒店信息以及数据双向交流的理念。具体而言，酒店应开展大型培训活动，提供内部数据培训，培育专门监管数据的专职人员，让酒店人员学习到大数据技术知识

措施二 应考虑设立大数据技术培训课程，分别设立酒店信息相关数据收集、整理与分析部门。通过分设部门，将酒店数据细分，方便酒店人员数据使用，提高数据利用率。增强酒店各部门之间协作关系，保证各部门之间有效管理与沟通，进而提高酒店经营管理效率

图4-14　数据运用理念化的措施

相关链接

酒店如何利用大数据做好差异化服务

差异化服务也叫个性化服务，个性化服务是相对于酒店规范的标准化服务而言的，是通过数据收集、分析、整理、分类得出某一个或某一类客户消费习惯或喜好，在该客人下次来消费时主动向用户提供和推荐相关信息，以满足用户的最大化的个性服务需求。个性化服务打破传统标准化和被动服务模式，并充分利用自身资源优势，定制特殊服务项目，是以满足用户个性化需求为目的的全方位服务。所以要想做到差异化服务就要做到以下几点。

1.利用大数据系统做好数据收集是基础

酒店的产品同比于其他产品，差异化很小，如何能够为有差异化需求的客人提供差异化服务，这就要求我们利用好大数据，从客人每次的消费习惯着手，做好客人消费数据记录。

（1）餐饮消费中要了解清楚：餐饮消费时间；消费金额；宴请人数；喜欢哪个包厢用餐；喜欢哪些菜肴；饮用什么品牌的白酒、红酒、饮料；酒量如何；结账方式；是否索要发票等。

（2）客房消费要了解清楚：客人习惯什么房型、朝向、楼层；付款方式；房间物品使用情况；是否多配备几个衣架；喜欢什么电视节目等。

数据收集是个性化服务的基础，只有收集好客人消费详细数据才能进行下一步的分析。

2.数据分析整理是关键

经过长期的数据收集整理，我们掌握了客人的一系列消费习性，我们就要对这些消费习性进行分析，找出客人在酒店消费项目频率，然后确定客人消费习惯是什么，最后才能投其所好，所以数据整理分析是关键。

3.量身定做产品是个性化服务的最终体现

我们根据前两步得出的结果为客人定制最合适的服务项目并做到精准的推销和广告投放，而且是让客人感到惊喜的。

比如，在客人提出想用餐，我们可以直接提供客人最想要的包厢号，安排最喜欢的菜肴、最爱喝的红酒……

当客人想住房的时候我们直接为客人安排最喜欢的楼层、房号、朝向……我们总是把服务做在客人开口之前，处处让客人感到惊喜，客人要求的，我们做到了，客人只会给60分，客人没有要求的，我们做到了就可以给90分，这种服务才能成为留住客人的差异化服务。

第五章　酒店智能安防建设

安防系统在酒店管理中越来越重要，设计方案在结合现代科技的同时，更要着重考虑实用性和安全性，并通过合理的人员配置，达到人防、技防相互配合，最终实现安全防范功能。

一、智能安防系统的应用需求

客人不仅重视客房的床位、餐厅的食物，也包括消费时所享受的愉悦感和舒适度，但最终让客人满意的服务基础是安全，缺乏安全的酒店，不仅满足不了客人的基本需求，而且会对安全造成威胁和损失。一般来说，酒店常见安防问题如图5-1所示。

问题一	酒店的开放性和服务至上的经营理念，导致犯罪分子容易潜入并伺机作案
问题二	客人进出频繁，携带资金财物较多，其流动性和聚集性，都让其成为外部犯罪分子和内部不法员工的目标
问题三	客人的安全防范意识薄弱，会让犯罪分子和事故隐患乘虚而入，危及人身安全和财产安全
问题四	犯罪分子作案手段狡猾，隐蔽性强，案发后缺乏证据
问题五	客人之间、客人和酒店服务人员之间发生口角纠纷甚至斗殴，给酒店的声誉造成负面影响
问题六	酒店前台和财务室是金融流通的主要场所，需要监控
问题七	视频监控系统需要和消防报警系统关联复合，争取让火灾在萌芽状态就及时得到扑灭，避免重大火灾事故的发生

图5-1　酒店常见安防问题

酒店的发展是以提供差异化的服务为中心，只有在安全的环境内，各种服务措施才能得以开展，并确保其质量，从而尽量避免事故带来的经济和声誉上的损失。安全管理离不开先进的安全防范设施，酒店必须充分利用各种先进的安全防范系统，提高保安工作的自动化程度和工作效率，减少冗余人员，降低运营成本。

二、智能安防系统的组成

一个优秀的智能化系统必然包括一个安全、可靠、高效、符合人性化的综合保安系统。根据酒店周边环境及内部情况，可在酒店室外干道等公共区域，采用摄像监控为主，保安人员巡查为辅，以便监控中心能及时了解情况，进行必要控制，确保区域安全。酒店内部区域，采用报警探测和摄像监控相配合，辅助以门禁控制和巡更；在楼宇外墙布设主动红外预警系统，通过人防和技防的结合，实现酒店安全。

根据上述分析及要求，酒店安全防范系统应包括图5-2所示的几个子系统。

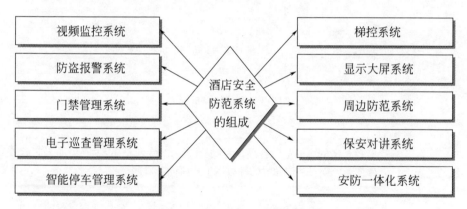

图5-2 酒店安全防范系统的组成

1.视频监控系统

酒店是为人们提供旅游、商务出行时住宿、餐饮、休闲等综合服务的场所，因其具有开放以及服务至上的特征，常年有陌生人出入，而酒店大门、前台、候梯厅等公共区域的人流量更是集中，对于酒店公共区域需要部署视频监控系统，对酒店公共区域达到实时监控、录像取证等目的。如图5-3所示。

（1）视频监控系统应达到的要求。系统通过前端视频采集设备即摄像机将现场画面转换成电子信号传输至中心，然后通过显示单元实时显示、存储设备录像存储等，实现工作人员对各区域的远程监控及事后事件检索功能。具体要求如图5-4所示。

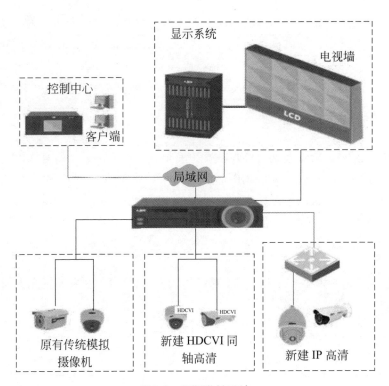

图 5-3　视频监控系统

	监控系统的画面显示应能任意编程、自动或手动切换，在画面上应有摄像机的编号、摄像机的部位地址和时间、日期等
要求一	

	监控系统能与报警系统、出入口控制系统联动，能自动把现场图像切换到指定的监视器上显示，并自动录像。能与火灾自动报警系统进行联动
要求二	

	监控系统应能对重要或要害部门和设防方的特殊部位进行长时间录像
要求三	

	监控系统应能与计算机技术防范综合管理系统联网，计算机系统对电视监控集中管理和控制
要求四	

	可通过标准接口接入 BAS 实现二次监测及必要联动
要求五	

图 5-4　视频监控系统应达到的要求

（2）视频监控系统应具备的功能。视频监控系统可以直观有效地显示和控制酒店宾馆的各区域，提高服务人员的自律意识和服务质量，同时也将提升酒店宾馆的安全管理能力。一般来说，酒店的视频监控系统应具备表5-1所示的功能。

表5-1 视频监控系统应具备的功能

序号	功能	具体说明
1	监视功能	在大厅、通道重要部位、重要部门以及其他安保要求度高的地方安装摄像机，摄像机采集的摄像信号通过同轴视频电缆传送至本栋的安保监控中心，通过矩阵切换器的切换，将视频画面显示到若干台电视监视器上，安保值班人员通过监视器，随时发现可疑的迹象，以便及时采取行动
2	记录功能	采用数字硬盘录像机，可以将重要的需要连续监视的画面录制在硬盘上，定期存档，以便在发生事故后重放，搜索事故线索
3	自动操作	当探测器发出报警后，系统自动联动摄像机、灯光、录像机等设备；监视器自动切换到该画面，可转动摄像机快速转到相应位置，镜头自动变倍变焦，使所摄图像清晰，同时录像机开始录像。一切都为系统自动完成，无须人手操作
4	动态监测	在少有人去的地方，使用视频动态监视系统。即这些地方的摄像机画面通常是静止的，主控系统通过动态视频检测功能检测到画面产生变化时，立即发出报警，同时联动控制室的监视器自动切换到该画面，以便安保人员及时处理
5	远程监控	可利用电脑网络系统来实现观看、分送、图像切换和控制不同地点的闭路电视系统，甚至可以通过ISDN/DDN/ATM通信线路达到远程实时监控功能
6	开放式结构	可通过DDE、串口、继电器等多种方式与其他系统如BA、FA、OA系统完美集成。这是目前国际上最先进的闭路电视监视系统集成方式
7	电子地图	可绘制电子地图，在地图上标示所有前端设备点，还可进行地图之间跳转，方便在大范围区域显示各级地图和所有的报警点
8	电脑助理	可设置"电脑助理"功能，定时自动对各个报警子系统进行布撤防，减轻操作员的工作负担

2.防盗报警系统

报警系统是酒店安防系统中比较常见的系统之一，该系统用于保护区域警情检测与防范，由报警主机和前端报警检测器组成，前端报警检测器包括红外双鉴、水浸报警器、烟感报警器、燃气泄漏报警器等，通过连接报警主机，当报警器检测到警情发生时，将报警信息传输至报警主机进行报警联动，可联动报警灯、门禁控制器等设备，亦可将报警信息上传至中心平台或者110平台。如图5-5所示。

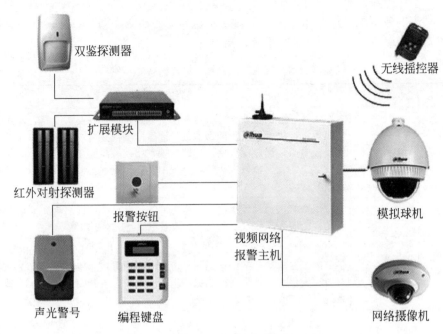

双鉴探测器

无线摇控器

扩展模块

红外对射探测器

报警按钮

模拟球机

视频网络
报警主机

声光警号

编程键盘

网络摄像机

图5-5　防盗报警系统

根据现场具体情况，报警系统前端报警器构成警戒防区，系统可设置一个或者多个防区，分别部署不同种类的报警检测器，将这些报警检测器互联互通，组成具有综合防范功能的防区，最终架构成一套高性能多功能的报警系统，可广泛应用在酒店重点防范区域，如库房、酒窖、配电室、信息中心机房等区域，达到无人值守、安全防范的目的。

3.门禁管理系统

酒店有机房、库房、配电间、财务室等重要区域，这些区域都不能随意进出，对于此类重点区域应当部署门禁系统。门禁系统可以根据权限管理对房间门锁进行控制，通过门卡、密码、指纹等方式进行授权，同时门禁系统亦可与视频监控系统联动，完成开门记录与视频记录的复合。如图5-6所示。

> **小提示**
>
> 建立一套可靠的门禁系统不仅可以达到防偷防盗，降低财产损失的目的，也可对内部工作人员进行一个有序化管理。

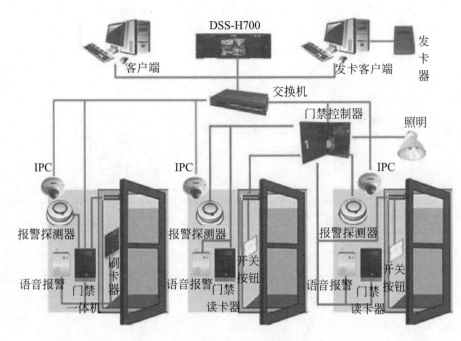

图5-6　门禁管理系统

4.电子巡查管理系统

电子巡查管理系统通过在酒店的主要通道、楼梯间、重要机房、仓库等场所设置巡更点，安保人员在特定时间内按设计好的线路进行巡更，实现酒店安防的人防和技防相结合。该系统具体有图5-7所示的特色。

```
┌──────────────┐
│  巡检定位功能  │ ◄ - - - - - ┐
└──────────────┘             │
        ┌────────────────────────────────────────┐
        │ 射频识别，区域定位。该系统应用了非接触式感应式数字射 │
        │ 频身份识别（RFID）技术，实现指定区域的巡更巡检点的定 │
        │ 位和识别                                    │
        └────────────────────────────────────────┘

┌──────────────┐
│  语音监听功能  │ ◄ - - - - - ┐
└──────────────┘             │
        ┌────────────────────────────────────────┐
        │ 数字压缩，语音记录。利用 PDT 先进的数字压缩录音技术， │
        │ 实现语音管理系统，支持调度工作中的语音监控和语音检索  │
        └────────────────────────────────────────┘

┌──────────────┐
│  调度指挥功能  │ ◄ - - - - - ┐
└──────────────┘             │
        ┌────────────────────────────────────────┐
        │ 实时调度，高效互动。该系统具有实时调度、高效互动和准 │
        │ 确有效的巡更系统管理能力，在实际应用中，管理者可以始 │
        │ 终保持从容不迫、运筹帷幄、游刃有余、指挥若定的调度管 │
        │ 理状态                                      │
        └────────────────────────────────────────┘
```

图5-7

实时监控功能 ←------

实时在线，安全可靠。利用其快速的信息传递功能，可以确保巡更信息数据的实时、可靠传输，从而真正实现对巡更人员的实时在线监控

智能管理功能 ←------

工作统筹，信息管理。基于计算机技术和无线通信技术网络的智能化管理，可以根据用户的权限灵活编制和修改巡更巡检计划，形成并输出管理报表，实现现代化的管理要求

应急报警功能 ←------

快速报警，及时应对。突发事件发生时，可保障巡更人员及时、准确地与指挥调度中心联络（报警），报告事由或险情以及事发地点，并可由调度中心实现遥控监听的功能

图5-7　电子巡查管理系统的特色

5.智能停车管理系统

停车管理系统主要对进出酒店的车辆进行有序高效地管理，包括对酒店内部的固定车辆管理、外来客人的临时车辆管理。如图5-8所示。

图5-8　智能停车管理系统

通过系统实现对进出车辆的记录、控制、计时及收费等功能，免除了工作人员手工登记的繁琐手续，减少劳动力，节约成本。该系统应具有图5-9所示的功能。

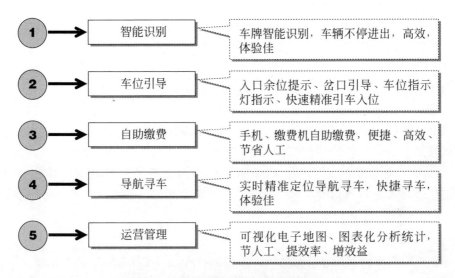

图5-9 智能停车管理系统应具有的功能

6.梯控系统

酒店基本都有直达楼层的升降电梯，而酒店电梯又是一个通往客房的最常用通道，为保障顾客不受非住宿人员的打扰，同时为保障酒店内部财产安全，有效对电梯使用权限进行授权显得尤为重要。

梯控系统由图5-10所示的电梯主控器、电梯刷卡器、IC卡管理系统和授权发卡机组成，客人通过房卡根据客房号授权电梯楼层，客人凭授权后的房卡通过电梯刷卡器进行刷卡使用。

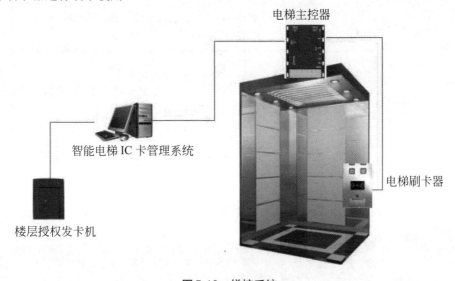

图5-10 梯控系统

7.显示大屏系统

酒店会议厅的显示系统大都是通过多台投影仪或者多台显示器组成，投影仪存在老化速度过快、显示效果差等缺点，大型显示器因为吊装原因导致后期维护非常困难，而且采用投影仪和显示器等设备组成的显示系统过于老旧，且不符合高端酒店会议厅的档次，因此建设一套高端、经济、美观的智能显示系统有助于提升会议厅的档次，也能提升客户体验度。同时显示大屏亦可部署监控中心用于视频监控。

比如，大华大屏显示系统由小间距LED显示模块和显示管理平台组成，0.6～2.5毫米间距的LED模块，由显示管理平台进行显示控制输出，达到无缝、真实、高亮等高质量的显示画面。

8.周边防范系统

在酒店周围设立周界防范系统，采用主动式四光速红外线探测器和带云台彩色摄像机，主动式四光速红外线探测器将信号传送给控制中心的防盗报警主机，当有人非法侵入时，就会报警并且联动附近的摄像机，在控制中心就可以看到酒店外围发生了什么情况。

9.保安对讲系统

保安对讲系统可满足酒店保安通信的要求，并在紧急或意外事件出现时可以及时对所有相关部门工作人员进行统一的调度和指挥，实现高效、及时地处理，最大限度减少了可能的损失。具体要求如图5-11所示。

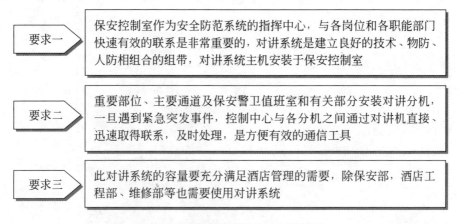

图5-11　保安对讲系统应达到的要求

10.安防一体化系统

安防一体化系统要求完成酒店安防一体化的技术要求，具备完善的安防一体化软件。软件可以分别安装在相应的服务器和工作站上，要求具备对安防各子系统和产品的接口开发能力，并完成相应工作，最终提供给业主完善的安防一体化系统。

三、智能安防系统的设计原则

针对酒店车辆进出频繁、人员流动性大及公共物资多等特点，安全防范系统的设计应遵循图5-12所示的原则。

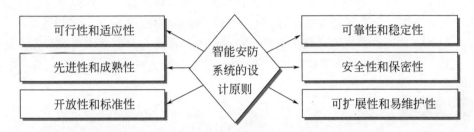

可行性和适应性		可靠性和稳定性
先进性和成熟性	智能安防系统的设计原则	安全性和保密性
开放性和标准性		可扩展性和易维护性

图5-12　智能安防系统的设计原则

1.可行性和适应性

根据酒店对安防系统的实质要求，系统设计采用安防领域成熟的专业设备和设计，软、硬件上都采用商业化、通用化和模块结构，并在其他工程中都有较成功的应用和较好的质量表现的设备。

2.先进性和成熟性

系统设计中在保证可行性、经济性和实用性的前提下，采用目前较先进的设备和器件，更重要的是设计从系统的架构、软件的功能，以及系统的集成上体现系统的先进性。系统设计中采用了大量工业监控领域的技术，如组态、联动、设备驱动等技术，使系统具有一定的先进性，并具有较强的发展潜力。

3.开放性和标准性

酒店安防系统中具有多个子系统，因此系统的集成性某种程度上反映其开放性。设计中采用的所有设备都具有与网络的标准接口，能实现各子系统的功能，通过各系统的有机结合达到数据共享和系统间联动，使系统发挥出综合效能，提升系统的使用价值。

4.可靠性和稳定性

为了保证酒店人员及财产的安全，酒店安防系统需全年无休地工作，在完成其功能外，最主要的便是系统的稳定性和可靠性。设计系统应采用提高稳定性和可靠性的措施，如在设计中采用模块化结构、现场总线等先进技术，并在设备性能、系统管理、技术支持和维护能力等方面给予充分保证。

5.安全性和保密性

在系统中应设置多层管理权限和访问权限。系统采用高可靠性的操作系统和数据库管理系统,在一定程度上具有较好的系统安全和保密能力。

6.可扩展性和易维护性

随着酒店经济实力的增长,酒店硬件设备、规模也随之增加,对安防系统的需求会进一步提升,同时长时间的运行对系统的稳定性也是一个考验,系统设计中应充分考虑今后系统扩容,一方面,在经济性的原则下保留一定的设备接口余量;另一方面,由于各系统都采用模块化结构,使系统具有较高的可扩展性。

另外,在设计中也充分考虑其易维护性,不仅提供完整的技术资料和工程设计文件,还引入模块化、可插拔器件,使维护工作较为方便。

相关链接

××酒店安防系统方案设计

一、项目概况

本项目坐落在××市××区××镇,建筑面积81429平方米,地上11层,地下1层,建筑高度65米。地下一层主要为酒店后勤,包括员工餐厅、厨房、粗加工厨房及厨房库房区、洗衣房、布草库、酒店后勤用房、酒店卸货区、机电设备用房等;首层为酒店的主入口层,布置酒店大堂、酒店接待台及前台办公、中餐厅(包间及厨房)、咖啡厅、大宴会厅、高级会议厅及商业空间等;二层主要布置餐厅散座、自助餐厅、康体娱乐等;三至九层为酒店的客房层,其中三至八层为标准客房层,九层为高级客房层,共含373间标准间,14间高级套房;十层布置行政酒廊与总统套房;十一层为机房层。

通过前期的方案讨论与后期的深化设计,确定以视频监控系统、入侵报警系统作为安防系统的重要组成部分,从技术参数、设备选型、实际应用案例着手,同时加强与酒店管理公司的沟通,从后期的酒店运营使用要求等方面加以意见汇总,完成了各个子系统的深化施工图纸设计,得以保证工程的顺利实施。各系统的设计方案如下。

二、视频监控系统方案设计

1.系统选型

采用IP方式架构,即整个系统架构为IP网络高清摄像机+交换机+存储服务器+系统显示+视频解码服务器。

2.系统设备

由前端摄像机、传输线缆、交换机、存储服务器、视频解码服务器、显示和控制设备等组成。

3. 前端摄像机布置原则及选型

根据不同区域的功能要求采用不同的摄像机，以满足各个区域监控图像的要求。

（1）酒店外部区域。在酒店外围主马路、酒店与外界相通的楼栋出入口以及酒店正门外设置室外彩色枪机网络高清摄像机，监视车辆、人行情况，共25台；在酒店主出入口设置室外快球网络高清摄像机，监视酒店出入口的情况，共2台。

（2）酒店内部区域。在酒店前厅、电梯厅、楼层主要通道设置彩色半球网络高清摄像机，摄录日常及突发情况，共219台；在酒店屋面设置枪机网络高清摄像机，用于观察屋面情况，共10台；在酒店货车停靠处、生活水泵房、露台、消防楼梯口等处设置室内彩色枪机网络高清摄像机，共26台；在酒店泳池、主入口、接待大厅设置室内快球网络高清摄像机，共3台；在酒店收银台、前台以及服务区位置设置彩色半球网络高清摄像机，并与拾音器配合使用，摄录日常及突发情况，共12台；在酒店电梯轿厢内设置模拟摄像机，共19台；在酒店车库区域设置枪机彩色摄像机，用于观察车库通道情况，共18台；在酒店内部保险室、弱电机房、消防控制中心、行李寄存室、财务储藏室位置设置彩色半球网络高清摄像机，用于摄录突发情况，共6台。

（3）CCD彩色摄像机的主要技术指标选择。分辨率高，点阵感光元素采用200万像素；水平分辨率为320 ~ 500线；信噪比为50 ~ 60分贝；摄像机与监视器的比例为13 ∶ 1。

4. 视频传输系统

视频监控网络摄像机通过CAT5e 4P UTP双绞线连接至就近弱电间内设备管理网交换机，电梯摄像机通过编码器将模拟视频信号进行编码，接入至设备管理网，通过IP网络传输，再由设备管理网交换机通过6芯室内多模光缆将信号传输至中心进行储存、显示；电源线采用RVV2×1.0线缆，由井道内安防电源箱提供电源。拾音器音频传输线采用RVVP-3×1.0接入至相应网络高清摄像机，通过设备管理网交换机接入至消防控制室；电源线采用RVV2×1.0线缆，由井道内安防电源箱提供12伏电源。

5. 系统中心

由系统存储、系统显示、系统控制组成，设置在酒店一层消防控制中心。在其内设置监视、控制和存储设备，对图像信息进行必要的统一视频监视和储存。

6.存储设备

中心存储设备采用存储服务器+磁盘阵列方式,所有前端摄像机图像信息通过设备管理网交换机传输至安保中心的磁盘阵列上进行存储。存储格式均为数字格式,重点区域满足24小时图像不间断实时存储,非重点区域采用图像侦测存取方式,存储容量为32T,满足存储最少30天的要求。

7.显示终端

24×22英寸LCD监视器+2×42英寸LCD监视器。

8.显示方式

16画面显示,同时显示338台摄像机画面。重点区域画面(酒店一层出/入口、收银台、前台以及财务室区域)采用单画面显示;报警画面采用报警切换的方式进行显示。

9.回放格式

采用D1/4CIF(D1/704×576 Pixels)。

10.显示策略

将338台摄像机画面按照每台22英寸监视器16画面的方式,分配至22台监视器上,重要区域位置(酒店一层出/入口、收银台、前台以及财务室)的18台摄像机按照单画面方式设置在2台22英寸监视器和2台42英寸监视器上,并按照每5秒轮巡一次的方式进行查看。

11.系统控制

系统控制采用磁盘阵列+解码器+监视器+键盘+管理PC方式对安防监控系统进行控制管理;存储服务器、磁盘阵列对所有视频图像实时存储,重要区域通过电脑软件操作进行实时监控。

12.电源供应

系统中的电源设备包含两个内容:前端摄像机部分,该部分电源通过井道中安防分线箱(SAS)内电源箱供应,电源箱均由各个井道内UPS供电;消防控制室内的显示、硬盘录像机部分,电源通过消防控制室内UPS电源箱进行供电。

13.辅助系统和设备

系统中安防分线箱设置在酒店弱电间内,箱体以及箱体内设备均需采取防雷接地保护措施。

三、入侵报警系统方案设计

1.系统概述

该系统为对酒店内部重要区域进行安全管理的系统,便于保安人员及时了解险情发生点。系统采用总线型方式,中心设备与视频矩阵相连,使得与监控系统进行联动，监视器上弹出报警画面显示报警区域。

2.前端设备

在酒店库房、温泉机房、生活水泵房和制冷机房等处设置吸顶式红外双鉴探测器，共21个；酒店前台设置报警按钮，共4个，拾音器共2个；在酒店接待区及服务台设置报警按钮，共20个；拾音器共11个；在酒店贵重物品保管室、商务中心、呼叫中心设置求救按钮共3个；在行李房设置吸顶式红外双鉴探测器，共2个；在酒店无障碍卫生间及酒店无障碍客房设置声光报警器，共5个。

3.传输系统

前端红外双鉴探测器至各个楼层弱电间安装分线箱内的总线防区模块，采用RVVP4×1.0线缆，2芯用于信号传输，2芯用于电源传输。前端报警按钮、求助按钮至总线防区模块，采用RVVP2×1.0线缆。各区域的防区模块之间以及防区模块与财务室报警键盘之间至安保中心的报警主机采用总线方式连接，单路总线最长传输距离≤1000米。

4.系统中心

系统中心设置在酒店一层消防控制中心，财务室内的报警设备通过报警防区模块将报警信号传输至报警主机，再连接至监控系统中，报警报告时在监视器上弹出报警画面显示报警区域。入侵报警系统布防、撤防、报警、故障等信息的存储时间应≥30天。

5.电源供应

电源由各个弱电间内的UPS配电箱供应。

四、系统施工中重点、难点问题的处理方法与解决措施

（1）由于安防子系统较多，大部分相互独立，所以施工配合难度较大，需要建设单位、设备厂家、现场施工人员紧密配合，将施工进度的影响减小到最低限度。

（2）若存在被监控的范围和具体房间确定不了导致终端位置无法确定，电气控制管路和接线盒无法敷设到位的问题，解决的办法是：建设单位要提前同酒店管理公司的使用部门协商，落实其内部设备需要监控的最佳位置，必要时请酒店管理公司使用部门出面与现场施工人员共同定位。

（3）由于系统大部分专用电缆要求从控制室到终端之间的线路不能间断，因而电气线路较长，有的中间不加接线盒导致布线困难，有的因拉力过大，线路造成损伤而影响了线路参数，导致在补装接线盒时，不得不拆坏吊顶和其他装修成品。解决的办法是：现场施工人员在配管时，要根据系统特点，尽量减少拐弯和翻弯，按照规范要求的管路长度在适当的位置加接线盒，且要把加接

线盒的位置在施工图纸上标注清楚，避免换线时找不到接线盒而损坏装修成品。

（4）视频传输线缆由前端至控制室的线路敷设，在容易出现损坏、施工环境困难、线路较长且不能上人的吊顶内的环境中时，应多增加一根视频线缆作为备用，以防主线缆损坏而采用备用线缆及时补充使用。

（5）由于建设单位选定设备厂家较晚，而被选定的厂家对线路布局与酒店设计预留的管路和出线口甩口位置有出入，需要改管、拆管、增加线槽及加大管径，导致较大幅度的剔凿和局部装修成品的破坏。解决这一问题的方法是：要求建设单位必须在装修之前选好设备厂家，把所有需要的改动在结构施工期间处理好。

（6）由于现场多专业交叉施工，工人较多，系统穿完线缆后，经常发现电缆被毁、被割断，出现这种情况必须换线。换线时要拆除吊顶，影响精装修的施工进度，为避免此类情况发生，现场工人在穿线时，要随时用铁制接线盒盖把终端盒和中间接线盒封堵好，电缆与导线不外露。如果条件允许，可以躲开施工高峰期间再安排穿线。

四、智能安防系统服务商的选择

酒店面对众多的智能安防系统服务商，要怎样才能选择出适合本酒店实际情况的系统呢？其实，选择的过程并不仅仅是选择安防系统的过程，更重要的是检查系统服务商及其系统综合能力的过程。一般来说，酒店可以从图5-13所示的几个方面进行选择。

选择一	选择一家长久运营并且口碑良好的联网报警运营服务公司
选择二	选择一家经省公安厅审批的专业安防工程公司，具有公安110联网报警授权的单位，具有保安服务许可资质的单位
选择三	选择一家拥有一定客户基数的单位，这样运营服务的资金链不断，就不会出现服务不到位的情况
选择四	选择一家拥有专业服务团队，且分工明确的安防服务公司，各司其职才能更好地服务用户

图5-13　智能安防系统服务商的选择

第二部分
互联网思维创新
之多样化营销

 导言

　　营销是酒店经营的龙头，也是酒店经营最重要的环节，它带有全员和全方位性，与每个员工、每个岗位都有直接或间接的关系。作为新时代的酒店，更应重视互联网在酒店运营中的作用，致力于最大化提升酒店质量，实现经营利润最大化。

第六章　OTA推广

OTA本身是一个连接客人与酒店的桥梁，凭借着强大的营销能力、丰富的产品信息、便捷的预定方式、快捷的支付手段以及有保证的赔付政策聚集了众多的会员，给酒店带来众多客源，也成为酒店的品牌营销、展示推广渠道。

一、OTA的概念

OTA，全称为Online Travel Agency，中文译为"在线旅行社"，是旅游电子商务行业的专业词语，指旅游消费者通过网络向旅游服务提供商预定旅游产品或服务，并通过网上支付或者线下付费，即各旅游主体可以通过网络进行产品营销或产品销售。

1. OTA的意义

OTA的出现将原来传统的旅行社销售模式放到网络平台上，更广泛地传递了线路信息，互动式的交流更方便了客人的咨询和订购。

2. 国内OTA的代表

国内OTA的代表为：携程网、去哪儿网、艺龙网、同程网、美团网、驴妈妈旅游网、百酷网、乐途旅游网、搜旅网、途牛旅游网和易游天下、快乐e行旅行网、驼羊旅游网等。

二、OTA模式下酒店的营销变化

OTA模式改变了传统的酒店营销模式，各酒店积极在OTA模式下采用网络营销模式开展网络订购。具体如下所述。

1. 移动化营销

在OTA模式下，酒店营销呈现出移动化的特征。客户可以通过移动设备与酒店进行交流与洽谈，并通过移动网络订购酒店服务。

2. 个性化营销

同质化的酒店服务对消费者的吸引力越来越小，酒店积极重视个性化服务产品的研发。并且，互联网为酒店提供了大量的数据信息，酒店可以通过数据分析了解消费者的个性化需求，并根据消费者行为对消费者的未来消费方向进行预测，进而生产个性化服务产品。

3.整合性营销

最后，OTA模式使得酒店与旅行社相互融合，很多OTA企业已经投资入股酒店企业。而且，酒店企业也积极入驻旅游网站。

三、OTA模式下酒店的营销弊端

酒店与OTA的关系，可谓是爱恨纠缠。双方既存在互利互惠的关系，又存在不可避免的利益冲突。一方面，OTA能为酒店提供大量的订单；另一方面，酒店又不甘心支付给OTA数目不小的佣金。因此，双方之间产生矛盾也就在所难免。目前来看，OTA模式下，酒店营销出现的问题如图6-1所示。

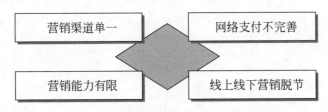

图6-1　OTA模式下酒店营销出现的问题

1.营销渠道单一

在OTA模式下，大多数酒店都开展了网络营销。但是，由于酒店网络营销起步较晚，酒店企业的专业网络营销人才不足，酒店的网络营销只能采取与网络中间商合作的方式进行。

比如，大多数网站都入驻了订房网站，并在知名订房网站上发布广告，进行广告营销。

在这种情况下，酒店的官方营销网站还不够健全，甚至很多酒店企业都没有开设自己的官方网站，营销渠道单一。

2.营销能力有限

酒店企业的人力资源管理十分重视技术人才、销售人才和管理人才的培养，缺乏对网络营销人才的重视，没有引入充足的网络营销专业人员。并且，大多数酒店网络营销人员只了解市场营销的相关知识和技能，缺乏对网络营销知识的了解，网络营销能力有限。

3.网络支付不完善

在OTA模式下，酒店营销需要通过网络支付或现金支付的方式，并且，网络支付手段还不够成熟，网络安全无法保证。消费者在网络支付的过程中容易受到恶意攻击，导致信用卡信息或个人信息泄露。

4.线上线下营销脱节

在OTA模式下，很多酒店会单独处理线上营销业务和线下营销业务，导致线上和线下相脱节。

比如，有些顾客在订房之后没有及时与酒店联系，而酒店也没有及时处理网络上的订房，顾客在到达酒店之后酒店没有为其留房，加剧了消费者与酒店之间的矛盾。

四、OTA模式下酒店的营销策略

在OTA占据巨大流量资源的市场环境下，酒店业应该以积极理性的眼光看待OTA，采取一定的策略，充分合理利用OTA分销渠道来正面提升酒店曝光美誉度，最大限度避免利益被侵蚀，同时通过引流开辟自有渠道来提高客房收益。具体如图6-2所示。

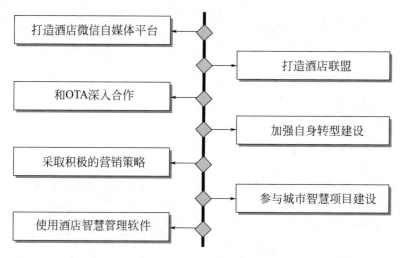

图6-2 OTA模式下酒店的营销策略

1.打造酒店微信自媒体平台

酒店急需能够和顾客沟通的直接途径，而微信平台可以以资讯推送的形式将酒店服务信息直接送达顾客，引导顾客二次消费并且形成酒店忠诚会员。

2.打造酒店联盟

为了应对OTA对流量的把控，有实力的连锁酒店也在进行一系列的并购，打造酒店联盟。

比如，锦江酒店与锦江股份、锦江资本、联银创投、西藏弘毅、国盛投资及符合约定条件的投资人订立股东协议，共同斥资10亿元打造Wehotel，建立酒店联盟。

这样做有利于资源整合，有效提高运营效率和降低服务成本。最重要的是能够将所有酒店的会员信息整合，逐渐构建起一个共享上亿会员的庞大网络，最终打造一个基于移动互联的共享经济平台。

3.和OTA深入合作

OTA为了加强线下酒店体验化，挑选部分实力高星酒店，与之深入合作。

比如，御庭酒店集团、美豪酒店集团、恒大酒店集团、粤海（国际）酒店集团选择和携程战略合作升级，完善酒店新型生态圈。

随着市场和消费者习惯的变化，酒店应与时俱进，保持预订渠道最优化、酒店收益最大化。在加强自身手机端网络预订、会员体系的同时，因地制宜策略性地与OTA合作，是符合酒店利益的。发挥携程作为国内OTA龙头的会员优势、聚集效应，作为酒店多元化预订渠道的有效补充，实现消费者、酒店与OTA的多方共赢。

4.加强自身转型建设

传统酒店经营模式已不能满足顾客住宿需求，酒店需要积极全面了解顾客偏好，加快转型速度，跟上酒店发展潮流，迎合顾客消费口味。

比如，为了增强个性化和体验化，日本开创书店式主题酒店，客人看书看累了，就可以在书海里睡觉了。

5.采取积极的营销策略

在线营销在不断地进化演变，这意味着酒店的营销策略亦须跟随最新的数字潮流和算法改进。营销团队应始终聚焦在积极管理整体在线营销战略及最优化营销优势上，只是维护网站和优化关键字，就期待网站流量突然大涨是不现实的。成功与否的衡量，在于营销战略是否多积极，品牌在各类渠道上是否有持续的存在感。

6.参与城市智慧项目建设

为了旅游业的发展，某些旅游业先进地区政府已主导智慧城市的建设，这对酒店、餐饮等商户来说是不可多得的机会，智慧化是酒店行业未来必然趋势，而作为智慧城市的一分子，酒店背靠智慧旅游城市这棵品牌大树，自然会招徕更多的顾客。

同时，酒店可以调动自有资源、整合差异化资源为周围社区、机构、团体服务，除了住宿，社区可以共享酒店及周边的餐饮、娱乐、健身等服务，智慧社区跃然眼前。

7.使用酒店智慧管理软件

如今随便走进一家餐饮、酒店商户，都能体验到管理系统给酒店带来的便利之处。管理系统功能强大，具备客户管理、评价查询、服务展示、一键支付、微信托管、数据统计、消费支付、周边资讯推荐等基本功能，帮助酒店降低管理成本，提高运营收益。

 **相关链接**

OTA模式下，酒店的应变之道

OTA带来大量订单的同时，也为酒店的营销增加了阻碍。OTA的酒店价格一般远低于门市价，这样就不利于酒店自身的营销。酒店可以通过以下的几点措施，引导更多的顾客绕过OTA，通过酒店官网、预订电话或是前台预订酒店。

1.酒店需要简化顾客的预订手续

一方面，要优化酒店的官网。官网上的预订手续和预付方式需要简化，简单、快捷的预订方式是顾客选择酒店的重要因素。一个细微的改动，也会为你带来无限商机。比如在网页上添加在线咨询，为顾客解答问题。另一方面，预订电话也该保证畅通无阻。经常占线的客服电话，不仅会为酒店带来损失，也会在一定程度上影响酒店的形象。

2.跟上时代，推出酒店的APP

智能手机，作为一种新兴的媒体，异军突起，尤其在"80后""90后"中有着深刻的影响力。而且"80后""90后"的消费人群逐渐成为酒店行业的主力军。OTA就纷纷推出了相应的APP，酷讯、去哪儿网、艺龙等早就上线了自身的APP，抢占移动市场。酒店为了不落人后，也不妨及时推出APP，占领部分市场。

3.加强顾客对酒店的忠诚度

顾客对酒店的忠诚度会决定他是通过OTA还是酒店的相关渠道预订酒店。忠诚度较强的顾客一般会直接通过酒店的官网或者电话预订。酒店可以通过一些具体办法加强顾客的忠诚度。对于第一次入住酒店的顾客，不妨"以利诱之"，为他提供下一次入住可以打折的优惠。对于经常入住的顾客，关于他的饮食习惯、生活作息等需要记录，为他提供"宾至如归"的优质服务。不时为所有顾客举办活动，提供具体的优惠或是免费服务也不失为好办法。

4.塑造酒店形象，打造酒店品牌

酒香不怕巷子深，一家国际知名的酒店对于OTA的依赖性显然较弱。酒店品牌的树立也会在无形中增加忠诚度较高的顾客。舒适的环境、精致的饮食、优质的服务、真挚的环境固然可以为酒店加分，参加公益事业、宣传酒店文化也是树立酒店形象的途径之一。

选择OTA后，酒店虽然背靠大树好乘凉，但也需要积极规划酒店的长远发展，抓住眼前机会，实现直销占主导地位的目标。

五、OTA模式下酒店的营销方式

随着互联网的迅速发展，人们的出行方式与习惯不断发生变化，特别是在酒店预订这方面。现在旅行订酒店，绝大多数消费者都会先在网上查一下当地的酒店，价比三家，然后选择价格合适的一家酒店预订下单。针对此种情况，酒店应采取不同的营销方式，来提升入住率。

1. 内容营销

大家都知道，OTA平台上不只有酒店频道，一般都是综合性的平台。酒店可以通过在平台上生产内容，以内容吸引客流到预订详情页，从而完成流量导入。目前，以携程为代表的OTA平台可以做的内容营销有图6-3所示的几种。

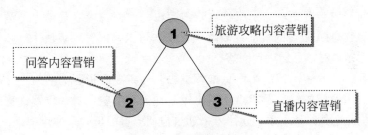

图6-3 内容营销的方式

（1）旅游攻略内容营销。除去以马蜂窝为代表的旅游攻略UGC平台外，大多数的OTA平台也能够让用户生产内容。在旅游频道，用户可以去生产和旅游目的地相关的内容，如我们最常见的旅游攻略。通过撰写目的地行程攻略，把酒店信息包含进去，从而进行传播，吸引流程。

想要写一篇优质的攻略内容，首先要了解平台规则及读者阅读体验，什么样的内容有可能成为一篇优质的内容？旅游攻略内容的阅读者一般是即将出行或者有出行计划的游客，内容直接面对的就是精准潜在客户，是商家引流的一个重要渠道。

一篇优质的游记内容能够获取很大的曝光量，尤其是一些被平台推荐至首页的游记。如果酒店想要获取额外的流量，可以在OTA平台上做游记攻略。游记可以由酒店自己去写，也可以鼓励客人去写或者请别人代写。游记可以一篇多发，写好后可以在其他平台同时发布，以此提高阅读量。

 **相关链接**

怎样写一篇优质的游记

（1）游记内容要详细。游记内容包括旅游目的地的景点、美食、行程、住宿指南、交通、旅行费用、购物、当地风俗文化、纪念品以及旅途中遇到的美好事情。

（2）上传大量精美图片。图片比文字更具有表达力和吸引力，图片最好是高清照片。可以上传风景、美食、人物等图片内容。

（3）内容结构要流程化。以吃、喝、玩乐、住、费用等，或者以第一天、第二天时间形式来记录，让浏览者很容易看清文章内容结构，同时能够重点关注自己感兴趣的地方。

（4）游记里可以添加一小段在住宿地拍摄的活动视频。

（5）选一张精美的图片作为首图，风景或者人物图皆可。

（2）问答内容营销。除了旅游攻略内容以外，问答内容营销也是酒店的一种引流方式。在OTA平台的目的地攻略中，点击进入"问答"版块，寻找有关住宿行程安排话题，对该话题进行回答。

在回答的内容中，把酒店信息推荐进去。一定要有说服力的推荐，不能泛泛而答。要突出酒店的特色及卖点，相比较其他家有哪些优势，位置优势还是价格优势等。除此之外，还可以创建账号，通过自问自答的形式来做营销。

小提示

内容回答一定要有干货，能够切切实实地帮助提问者，赤裸裸的广告可能会起到相反作用。

（3）直播内容营销。视频直播是内容的一种呈现形式，它比文字图片呈现的内容更真实更丰富，粉丝体验效果更佳。

2017年3月底，携程与斗鱼直播达成战略合作，在整合双方优势资源的基础上，推出首档全新酒店体验直播栏目《睡遍全世界》。

《睡遍全世界》每期节目均邀请斗鱼直播的人气主播以及来自各地的旅游达人，通过解密酒店、酒店游戏互动等方式，全方位体验国内外各大热门目的地的特色酒店，为用户呈现酒店最真实、最具吸引力的一面。

酒店如何做直播内容营销

酒店在直播时，可以直播人、直播物、直播一种生活方式、直播一种理念、直播一个真空管。在具体直播中，可以直播酒店的整体建筑、客房；可以直播酒店举办的一场活动；可以直播一道菜的制作方式；可以直播一间客房的卫生打扫过程；可以直播采访入住客人。直播就是告诉别人，此时此刻在做什么。通过直播传递出一种美好、一种他乡的生活方式、一种该有的状态。

（1）在直播过程中要注意脚本，即解说的话语。因为是直播，如果没有提前准备好，就可能会在直播的过程中出现说话停顿、语无伦次情况，给用户造成不好的印象。在直播时，一定要提前做好准备，包括解说话语、直播内容的呈现。

（2）直播时要准备比较专业的工具，其中三脚架是必备工具。如果用手拿着手机，在行走的过程中，难免会造成直播画面的晃动，影响直播效果。另外，在转动角度的时候，用三脚架可以防止镜头对不了焦而出现画面模糊问题。必要时候，可以用滑轨对镜头进行移动。

（3）要多呈现房间的细节及微物，如一个花瓶、一幅壁画、一盏台灯等。

（4）利用五觉场景描述法来进行直播。比如在解说房间的床垫是什么样的，如果只是说出名字，给客人的印象不会太深刻，要通过行为来表达，通过触觉来传达。可以坐在床垫上，感受其柔软品质，再通过话语描述传递给用户，可以打开水龙头，感受出热水的时间。

（5）视频直播要在多平台分享，如微博、朋友圈、微信群、QQ群等。

2.活动营销

除了内容营销，酒店还可以在平台上参加各种活动，来做营销推广。

（1）参与平台活动。每一个活动，平台都有自己的逻辑，活动主题是什么？针对什么类型客户？展示在什么位置？活动时间多长？活动位置越好，曝光优势越明显。好位置是客人不用刻意找，就能够出现的位置。通过活动，获取额外曝光，提升转化，获取一个可观销量。那么，酒店要如何来参与平台活动呢？

首先，要分析活动主题是什么，针对哪种客源，展示渠道有哪些，推广资源有哪些，跟自己的酒店是否匹配。只有适合自己的活动才能有一个好效果。推广资源一般有四种渠道，具体如图6-4所示。

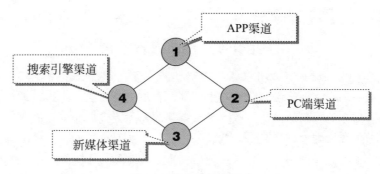

图6-4　推广资源的渠道

其次，要看区域内已经参与活动商家的数量有多少，如果参与商家太多，就失去稀缺性优势，参与意义就不大。

最后，要分析参与活动的竞争商家，其中最主要的是价格方面的分析。当客人点击进入活动专题页面后，商家怎样才能在一众竞争者中吸引到客户呢？除去部分专题活动外，大部分的活动都是利用优惠价格吸引用户，所以价格是活动吸引用户的重点。

（2）自建活动。除去参加的活动外，一些平台也给予了店家自建活动的权限。比如在携程上，商家可以通过组织创建各种活动来吸引潜在客人。

操作方法：在后台点击"信息维护"版块，进入后点击左侧的"酒店活动管理"，就可以添加相应活动。

3.促销营销

促销营销分为以下两种方式。

（1）自主促销。目前，各OTA平台一般提供图6-5所示的四种促销类型。

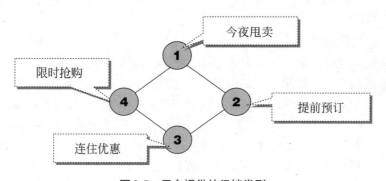

图6-5　平台提供的促销类型

每种促销的场景都不一样，酒店要视具体情况具体使用。如图6-6所示。

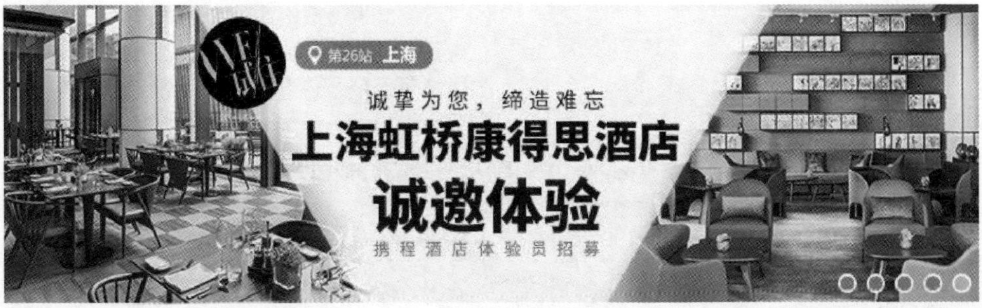

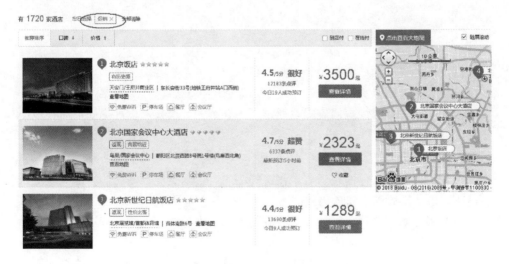

图6-6　OTA平台促销界面截图（一）

（2）利用优惠券、红包工具促销。酒店也可以设置优惠券或红包促销，吸引顾客下单消费，提升间夜量（指酒店在某个时间段内，房间出租率的计算单位）。

顾客可以通过条件搜索，搜索"促销优惠"，参与促销优惠的商家会出现在搜索结果页。在淡季流量较少的时候，酒店可以多参与一些促销，通过在价格上让利客人，提升销量。如图6-7所示。

图6-7　OTA平台促销界面截图（二）

4.付费营销

平台通过各种形式，对酒店进行包装，以此获取更多曝光量。付费营销目前最常见的有三种类型，具体如图6-8所示。

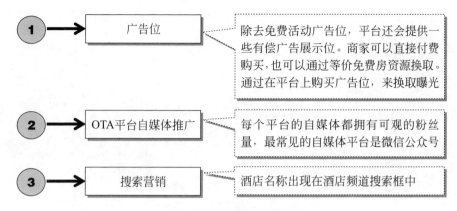

图6-8　付费营销的三种类型

小提示

做广告营销，首先要看广告展位的位置及推广渠道。不同的位置，带来的流量不同，展示位置越好，时间越长，价格也相应越高。

六、提高OTA排名的技巧

近几年，我国酒店数量增长迅猛，住宿业的竞争相当激烈。入住率低、订单少也成了不少酒店最头疼的问题。那么，如何解决酒店在OTA排名不好、预订率低、点击率低、订单少等问题呢？通过下面介绍的几个技巧，可提高酒店在OTA的排名。

1.为客人设计产品

要知道，客人入住的是酒店，在选择酒店时，当然会以酒店的产品为主要选择依据，因此，酒店在OTA上线的产品就要为客人而设计。

（1）添加酒店名称后缀。关于酒店的名字，无论酒店是否有分店，店名的后缀是非常重要的。如图6-9所示。

比如，"猴眺商务宾馆"与"猴眺优品商务酒店（人民广场店）"，当然是后者更能吸引人。

（2）酒店房型基础信息要完善。酒店房型基础信息包括床、卫生间、便利设施等图片信息，这都要写清楚，以方便客人根据自己的需求及时选到心仪的房间。如图6-10所示。

图6-9　酒店展示界面截图

设施概况

信息纠错

联系方式	电话010-84273030
基本信息	连锁品牌（桔子水晶）　连锁品牌　2011年开业　219间客房　层高10层
酒店简介	桔子水晶酒店（北京安贞店）地处北三环东路核心繁华商务区，毗邻环球贸易中心、三环安贞桥。前往国际展览中心、三元桥、亚运村等地均非常方便；众多著名历史文化古迹和奥运场馆也近在咫尺。做为知名的高端"设计师酒店"品牌，安贞店由美国著名设计师Zen和Amy联合设计，整个建筑由金属网包围，系典型的后…… 查看全部
酒店政策	入离时间：入住时间：14:00以后　　离店时间：12:00以前 儿童与加床：不接受18岁以下客人单独入住。不接受18岁以下客人在无监护人陪同的情况下入住 加床政策、儿童人数请参见您所选定的客房政策，若超过房型限定人数，可能需收取额外费用。提出的任何要求均需获得酒店的确认，所有服务详情以酒店告知为准。 附加费用：西式早餐RMB58 预订须知：不可携带宠物
网络设施	酒店各处提供wifi
房间设施	宽带上网　　　　免费市内电话　　　✔吹风机　　　　✔24时热水
酒店服务	✔接待外宾　　　✔行李寄存　　　　✔叫醒服务
酒店设施	✔无烟房

图6-10　酒店设施介绍截图

（3）增值服务要展示到位。客人除了对展示的照片和酒店房型基础信息有要求之外，还会关注酒店是否有加床、早餐、升级等增值服务。所以，酒店如果有这些可提供的优惠服务，一定要在OTA上写清楚。如图6-11所示。

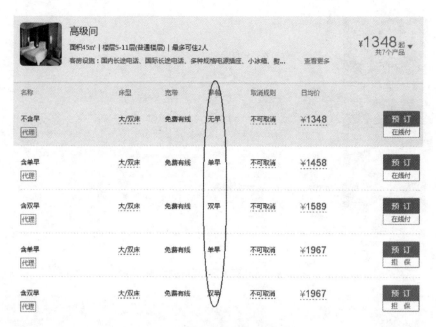

图6-11　酒店信息介绍截图（一）

2.包装美化产品

对于在OTA上线的产品，酒店要做好包装，美化产品，以便吸引客人的眼球，增加点击率。

（1）房型名称的美化

比如，雅致大床房、精致大床房、精致双床房、雅致休闲房……这样类型的房型名称要比呆板的"大床房""双床房"这样的名称更好。如图6-12所示。

新客专享	温馨情侣圆床房(不含早(预付))(中宾)	无早	取消扣全款	低价 ¥298 在线付¥328可返¥30	预付	手机预订
程游悠旅行社	温馨情侣圆床房(内宾)(大床)	无早	限时取消	¥303 在线付¥335返¥32	预付	预订 支持礼品卡
酒店直销	温馨情侣圆床房(内宾)(大床)	无早	限时取消	¥326 到店付¥338返¥12		预订
酒店直销	温馨情侣圆床房(内宾)(大床)	无早	限时取消	¥321 在线付¥328减¥7	预付	预订 支持礼品卡
携程团队房	温馨情侣圆床房(10间以上)[无早](大床)	无早	取消扣全款	¥300	预付	预订

图6-12　酒店信息介绍截图（二）

（2）首图的选择。酒店首图的选择非常重要，首图的展示效果直接给到客人第一感受。对于酒店来说，首图无非是门头照片和客房照片两种选择。

原则上来说，客房在80间以上，门头的照片会比较大气，适合做首图；而房量较小的酒店，用房间的照片更为直观合适。如图6-13所示。

图6-13　酒店信息介绍截图（三）

（3）图片的视觉冲击。特别是对于酒店客房的照片来说，视觉冲击力非常重要，需要将房间尽量拍大，可以请专业设计师来拍摄，也可用鱼眼镜头来展示房间图片。如图6-14所示。

图6-14　酒店房间效果截图

3.引流客人

（1）活动引流

某家酒店一天的流量只有40，那么说明，每天只有点击页面的40人看到了酒店信息，该酒店通过做了个小活动，最终每天的流量做到300。

他们的做法是，推出9元的生日房间，客人生日当天持身份证到店，可以以9元的优惠价格入住酒店。这个活动以9元的特价来吸引眼球，帮助酒店提升流量，而对于酒店来说，这个活动的成本也非常之低。

（2）最大化优势吸客。一般举行会展时，会展附近的酒店房间会爆满，但是距离会展有一定距离的酒店如何抢生意呢？具体方法如下。

① 可在OTA后台名称后面增加（××会展中心店），直截了当地告诉客户这是展会附近的酒店。如图6-15所示。

图6-15　酒店信息介绍截图（四）

② 房型后缀添加。评价即可专车接送，通过专车接送的方式解决酒店与展会之间的路程，打消客人的顾虑。如图6-16所示。

图6-16　酒店信息介绍截图（五）

（3）点评回复要有技巧。客户在OTA选择酒店的时候，一定会看热门评价和近期评论。如果点评不好，评分较低是会影响酒店在OTA排名的，客户很有可能就会选择其他家，从而导致酒店预订率低、订单少的情况出现。

虽然酒店努力去让每一位住户都满意，但是还是避免不了出现一些细节做得不到位的情况。如果住户给的评分低了，或者评价不好，您也要及时去解决这一类问题。比如，回复要有技巧，字数尽量多一些。如图6-17所示。

★★★★★ 4.4分　　　　　　　　　　　　　　　　　　　👫 带小孩　特惠双床间　发表时间：2018-07-22

酒店服务还不错，有免费接送机服务，还帮助提行李，酒店设施比较陈旧，隔音不太好，早餐有点简单，品种不多，小米稀饭还可以，吃了两碗

会员5389

酒店回复：尊敬的顾客您好！非常感谢您的入住和细致点评。正是如您一样的客人对我们的不断关心和督促，才能使我们不断发现工作中的问题，获得改正和不断进步。从您的点评中，我们很遗憾的看到此次入住未能达到您的期望。给您带来的不便我们表示歉意。您提出的宝贵意见，酒店管理层非常重视，并已经做了认真的调查和及时的整改，您的宽容和理解是对我们工作的鼓舞和支持！祝您生活愉快！

★★★★★ 4.4分　　　　　　　　　　　　　　　　　　　👤 商务出差　高级双床间　发表时间：2018-07-25

电视不能看遥控器坏了，位置好找，环境还不错，晚上能听到飞机的声音

飞行棋

酒店回复：尊贵的客人，感谢您提出的宝贵意见，我们会及时通知相关部门予以改进，您的满意是我们的动力，您的建议是我们的提高，感谢您的下次光临！

图6-17　酒店点评回复截图

🔍 **小提示**

　　酒店除了应利用以上所述的办法提高在OTA平台上的曝光率之外，还要做好内部的管理，通过超预期服务和附加值服务，把招待客人变成款待客人，从而帮助酒店获得更多的流量和订单。

七、转化OTA客人的技巧

　　OTA在给酒店带来高流量的同时，酒店也需向OTA支付高额的佣金，因此，酒店应抓住机会，合理转化OTA客人，变成自有直销渠道的客人。通过OTA带来新的客源流量，打造好酒店产品和服务，进而加强顾客的体验，培养顾客的会员忠诚度，做大酒店的自有直销渠道。具体策略如图6-18所示。

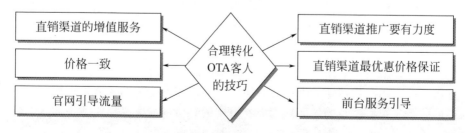

图6-18　合理转化OTA客人的技巧

1.直销渠道的增值服务

直销渠道要不断推出新的促销方式，保证在价格一致的基础上，直销渠道价格更具有优势，给顾客一个赚便宜的感觉。

比如，OTA挂的房间价格为158元（不含早餐），酒店微信预订平台挂的房间价格应为158元含早餐或果盘。

久而久之，这一做法将让消费者相信酒店微信订房平台是具有吸引力和有价值的酒店产品的唯一来源，而微信预订平台也将会成为消费者更倾向使用的预订平台。

此外，在进行这些促销活动的时候，酒店应该尝试互联网营销推广，包括官网、微信、论坛、百科、视频、软文等方式系统推广，保证促销信息被消费者知道。

2.价格一致

价格一致原则，很多酒店并未引起足够重视，也没有采取有效措施规避价格不一致带来的风险。

相关数据显示，2015年65%以上的快捷酒店在OTA的价格低于其酒店的直销渠道价格；全面的价格一致性策略，才能鼓励消费者通过官方直销渠道预订。很多旅游消费者调查报告都指出，大部分旅行者更喜欢直接向酒店进行预订和购买，前提是酒店网站和OTA一样提供低价产品和简单的预订功能。

3.官网引导流量

官网是消费者最信任的渠道，所以要将酒店的主营直销平台进行推广，以保障直销渠道的流量积累和客户沉淀。应设置OTA渠道的限制条件，合理控制OTA渠道的权重，比如设置促销房的数量限制、附加条件等；要清晰地知道OTA渠道并不是在线直销渠道的替代品，酒店不能将OTA用作在线直销渠道以外的另一种选择。

4.直销渠道推广要有力度

长期以来单体酒店不愿意或没有实力进行大规模的市场营销广告投入，大型品牌花费巨额的资金来进行品牌相关的营销活动，包括在线媒体、各种活动和直销平台，对品牌酒店而言，这些活动都不是"免费"广告，为此它们需要支付高额的加盟经销费用、额外的营销和忠诚度计划费用与基于效果的营销活动的佣金。

单体酒店不愿意投入营销推广费用，就需要利用或加入会员共享平台，享受会员体系和订单的支持。当然，即便是品牌酒店，有可能也无法利用品牌渠道有效地对当地市场进行营销，因此品牌酒店也应该安排充足的预算来进行本土市场推广，以及品牌不擅长的领域或者不够重视的领域，如家庭旅游、社会团体、政府部门和小众团体的会议、本地俱乐部消费、社交社群活动及婚礼等。

5. 直销渠道最优惠价格保证

（1）酒店可在直销渠道标榜"全网最低价格"的营销信息，并在直销渠道平台，链接一篇软文，说明"为什么要在××平台预订"。

（2）酒店可设计一个具有吸引力的奖励计划，并通过直销渠道来进行推广。这些计划应为忠诚顾客提供奖励，比如免费的接站服务、房型升级或免费早餐等。

（3）酒店可通过各种社交媒体、宣传册和邮件营销等方法来宣传最优惠价格保证和"顾客答谢计划"等信息。

6. 前台服务引导

OTA客人转化最关键的一步，需要酒店所有员工尤其是前台员工的配合。前台员工如何做呢？具体方法如图6-19所示。

硬广	酒店前台的明显位置放置直销渠道的宣传品，鼓励顾客通过直销渠道进行预订，并给予最优惠价格保证和奖励计划
感情牌	来自酒店总经理的"感谢您入住我们酒店"的信函：在所有通过OTA进行预订的顾客入住时，酒店工作人员应递给他们一封来自酒店总经理的信函，他／她在信中应推荐顾客下次入住时通过直销渠道进行预订
二次推广	退房时推送直销渠道的福利（代金券），感谢他们的入住，并推荐他们在下次入住时通过直销渠道进行预订
活动营销	每个月都应该推销酒店最新的特价产品、打包产品、活动和动态，吸引消费者通过直接渠道预订
技巧培训	酒店应培训其员工，让其了解为通过直销渠道预订的顾客所提供的各种优惠和折扣。每位员工都应该深入了解有关酒店的最优惠价格保证、奖励计划或顾客答谢计划的所有信息

图6-19 前台服务引导的方法

通过以上技巧，随着直销渠道客源的不断增多，酒店方不仅能够降低OTA佣金的支出；同时，能够真正地增加客人的满意度和回头率，获得自己的忠实客源，真正提升酒店的竞争优势和收益能力。

 **相关链接**

酒店如何做好OTA运营

作为酒店管理者，你一定没少为OTA运营的事操心，比如为什么别家酒店OTA运营能够做得炉火纯青？客人能够络绎不绝？而再回望自家简直是惨不忍睹。那么，我们该如何提升OTA运营呢？在OTA运营过程中又有哪些技巧可以提升效率呢？

对于酒店管理者而言，需要了解大部分通过OTA渠道预定酒店的客人，大都是没有实地体验到酒店设施以及服务的优缺点，因此在预订酒店的过程中，他们通常会参考对比其他酒店的信息来做出最后的选择。

想要提升酒店在OTA平台的形象，可以从以下几个方面来做。

1. 提供高质、精美的酒店客房场景

一般来说，入驻OTA的酒店都需要上传相应的酒店照片，那么对于我们上传的酒店图片应符合哪些要求呢？一是要求照片高像素、高清晰度，突出酒店功能；二是要及时更新图片，采用酒店最新的实景照；三是可附带几张周边旅游资源的照片，增强吸引力。

2. 设定客户需求关键词

总结客户搜索关键词，从客户的需求角度出发，向同类客人介绍、推荐该类搜索的热点词语，如景点、事件、交通枢纽、设施、价格等，一来可以提升酒店被搜索的可能性；二来可以为客户节省时间，增强便捷性。

3. 统一线上线下

无论是线上还是线下，都需要坚持价格的一致性。因为如果实体酒店的预订价格高于OTA，客源的流向就会更加倾向于OTA的在线预订，并成为OTA的忠实客户，这种价格差异将直接导致营销渠道的客户流失，一旦脱离OTA，酒店将无法生存。

4. 尽量不关价格不关房

无论何时，酒店都应做到不关价格不关房，因为关房会影响酒店在OTA的排名，同时也会失去常客。你可以通过提高房价、限制入住天数来达到关房的效果，但一定不能直接关房。

5.学会分散风险，积少成多

可以与不同的OTA渠道商合作来分散风险，如果一家OTA做不好，可以再与第二家合作，总会有单，这样长此以往，就会积少成多，酒店收入自然也会有所提升。而且合作越多，酒店在网络上的曝光率越高，相当于广告牌增加了，这对于低品牌声誉的单体酒店尤为重要。

6.加强互动，维系客户

想要更好地从OTA渠道中获得更多的客户，就需要对OTA的客户点评进行及时、积极地互动；对于客户的投诉，要积极采取措施予以补救，并做好客户关系的维护工作。而且回复模式应该个性化、人性化，而不是千篇一律的模板回复。

第七章　微信营销

　　微信，显然已经是当下最火热的社交媒体之一了，更是各界重要的营销渠道之一。对于旅游业三大支柱产业之一的酒店业来说，也不失时机地将微信营销作为酒店营销的有力工具和广阔平台。

一、微信营销对酒店的好处

　　微信的出现为酒店业的发展提供了新的契机。如今，微信在酒店业的发展中，不仅在微信预定、微信入住、微信客服、微信退房、微信点评等酒店服务的各个环节得到广泛使用，更在酒店的营销模式上得到尝试和创新，迅速成为企业捞金的重要途径。

　　作为当下一种主流的微信互动营销方式，它具有图7-1所示的优势。

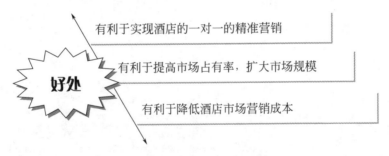

图7-1　微信营销对酒店的好处

1.有利于实现酒店的一对一的精准营销

　　微信用户在有相关需求时可通过移动设备关注酒店公众号，并且可在酒店的公众平台上了解酒店的发展、文化、环境、房价、活动等信息，同时可以与酒店营销人员一对一互动。这样不仅能够提高酒店服务的及时性、高效性，而且可以真实地了解用户的意见和需求，有针对性地为客户提供个性化服务，创建用户黏性和信赖度。

2.有利于提高市场占有率，扩大市场规模

　　通过"摇一摇""扫一扫""附近的人""二维码扫描"等功能，酒店微信营销可以打破时空广而告之，使粉丝呈几何倍数增长，扩大酒店的市场规模。

3.有利于降低酒店市场营销成本

微信可以在无线网络覆盖下，通过酒店公众号向用户发送语音、图片、视频等信息，比传统的电话、电视等方式更加便捷高效，并且营销人员可以足不出户，一对多地进行多项工作，为酒店节省交通费用和人工成本。

二、微信公众号营销

微信公众号是一个做CRM的绝佳平台，这个平台植壤于微信平台中，其流程简单、易操作，可相应降低对酒店及客人的普及、推广难度，而且在沟通、互动、服务、搜集用户信息和客户关系管理方面有不可比拟的优势。

1.微信公众号的创建

微信公众号分为公众平台服务号和公众平台订阅号，两者的区别如表7-1所示。

表7-1　订阅号与服务号的区别

项目	订阅号		服务号	
服务模式	为媒体和个人提供一种新的信息传播方式，构建与读者之间更好的沟通与管理模式		给企业和组织提供更强大的业务服务与用户管理能力，帮助企业快速实现全新的公众号服务平台	
适用范围	适用于个人和组织		不适用于个人	
基本功能	群发消息	1条/天	群发消息	4条/月
	消息显示位置	订阅号列表	消息显示位置	会话列表
	基础消息接口	有	基础消息接口/自定义菜单	有
	自定义菜单	有	高级接口能力	有
	微信支付	无	微信支付	可申请

从表7-1可以看出，订阅号与服务号还是有很大的区别，那么，酒店行业创建微信公众号是选择订阅号还是服务号呢？

对于酒店来说，创建微信公众号的主要目的是通过推广酒店产品，提升酒店实际收益，树立企业品牌形象。酒店行业的企业官微实际上是侧重"用户运营"的一个渠道。因此，大多数媒体的企业官微都是订阅号。这是因为媒体需要实时推送最新的资讯，粉丝之所以关注也是希望可以获取实时资讯，所以类型和粉丝的需求是匹配的。但是作为服务行业的酒店企业官微，应该更加注重"用户服务和管理"，而不是一直推送酒店单方面想要推送的资讯，换句话说，酒店企业官微的粉丝的需求更加偏重于"服务交互"，例如获取酒店的趣味体验机会、特价产品等，所以酒店行业在选择官微注册的时候，大多会选择"服务号"。

2.微信公众号的运营

酒店微信公众号不仅能够增强酒店与客户间的互动与沟通，而且可以使酒店信息在客户社交圈中得以分享。可以这样说，公众号营销做得好不好，直接关系到酒店的声誉与利润。基于此，酒店可以按照图7-2所示的要求，来加强微信公众号的运营。

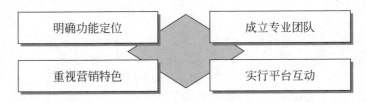

| 明确功能定位 | 成立专业团队 |
| 重视营销特色 | 实行平台互动 |

图7-2　微信公众号的运营要求

（1）明确功能定位。酒店需要制定出行之有效的营销战略，根据微信公众平台的实际特点，确定其在营销体系中的应用范畴。在使用公众账号之前，一定要对其有一个全面的认知，并将酒店特色充分融入其中，明确其运营的实际功能，定位好公众号在酒店营销体系中所扮演的角色。从根本上讲，微信公众账号的运营目标就是发展客户，因此，酒店必须将服务放在经营的首位。

（2）重视营销特色。营销特色是酒店吸引用户的关键，在运用公众账号进行消息推送时，需要在满足用户需求的基础上，打造自身独特的风格，无论界面设计，还是信息内容，都需要将酒店特色凸显出来。酒店可以抛弃传统的图文推送方式，运用视频动画等新颖方式来使信息更加具有趣味性，从而达到吸引用户的目的。

（3）成立专业团队。实际上，公众账号的经营是一项非常专业的工作，酒店想要做好这项工作，就需要成立一支专业的经营团队，而且要配备专业的运营人员为酒店经营公众账号。经营团队不仅需要了解用户的消费心理，及时与用户进行沟通，还需要对酒店的特色与经营文化非常熟悉，从而确保公众账号的风格同酒店风格相同，从而为酒店吸引更多用户。

（4）实行平台互动。互动性是微信的一个主要特点，公众平台实际上也具有很大的互动性，因此，酒店可以将这一特点充分利用起来，通过微信来联系用户，从而实现与用户之间的实时互动。人工后台服务是实现这一功能的关键，能够让酒店的微信公众账号更加人性化，帮助用户解决实际问题，并将用户提出的建议传达给酒店，让酒店的服务更加完善。另外，酒店还可以通过GRO，定期回访一些重要客户，了解用户所需，及时反馈用户信息。

3.微信公众号的营销策略

在酒店营销过程中，应当以微信公众号为基础不断扩大品牌的营销力，从而吸引更多客户。虽然在当前的酒店微信公众号营运过程中依然存在多种问题，但是酒店想要通过公众号获得更多用户，则应当采取必要的对策，具体如图7-3所示。

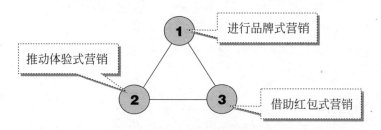

图7-3　微信公众号的营销策略

（1）进行品牌式营销。酒店可借助多种方式确保微信用户对酒店微信公众平台予以认可和关注，进而提升公众对于微信公众平台的认知和认同感，确保将网络的关注转化为现实购买。在此过程中可从图7-4所示的几个方面入手。

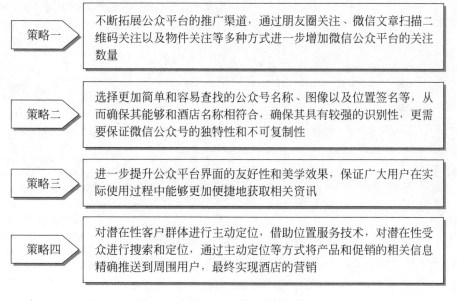

图7-4　酒店进行品牌式营销的策略

（2）推动体验式营销。体验式营销在充分满足广大用户信息获取和产品消费的同时，应当进一步提升体验服务的基本层次。在全面了解客户基本特征的同时，应当对客户和酒店的接触界面进行全面化的设计，从而充分借助微信公众平台为客户创造最美好的消费体验。在确定接触界面的同时，应当形成微信公众平台的业务实现情景，确保平台相关功能的实现。酒店可从表7-2所示的几个阶段来推动微信体验式营销工作的展开。

表7-2　开展体验式营销的阶段

序号	营销阶段	具体说明
1	营销推广阶段	在营销推广阶段，应当借助优惠卡和特定优惠产品以及特色餐饮品尝等多种方式促使广大受众关注微信，并在微信官网多媒体上完成公司产品服务的展示，与此同时更要设置微信抽奖环节，促使大家完成购买
2	实际购买支付阶段	在实际购买支付阶段，以公众平台为基础对酒店的实际位置进行查询和导航，并提供实景看房功能，以确保受众能够更加真实清楚地了解酒店的相关信息
3	完成购买之后	在完成购买之后，酒店应当以订单信息为基础，提供服务交付之前的信息通知。对于全新顾客则应当通过微信了解其实际爱好，从而提供个性化的服务套餐。而对于老客户应当通过微信向其制定科学的服务方案，并获得客户的认可和确认，在客户确认之后，应当获得个性化和针对性的服务
4	入住酒店之后	进入酒店应当通过扫描二维码或者信息推送的方式，使客户在极短的时间内了解入住的基本流程。客人在进入酒店房间之后，如果存在需要投诉的内容，则应当通过微信平台将编辑好的文字和图片发送到前台，以完成问题的快速处理
5	酒店住宿阶段	在酒店住宿阶段，针对酒店服务的相关内容也可以通过微信完成。当前，在多个知名酒店中已经形成了以微信商城为基础的床上、卫浴以及家具等多种体验式家具消费电商平台，在顾客产生购买意愿之后，便可以通过二维码扫描的方式完成下单，并快递送货上门
6	离开酒店阶段	在客户离开酒店过程中，顾客可以通过微信公众平台完成结账、离店手续以及发票领取等多种手续办理，而查房的相关情况也可以通过微信告诉顾客

（3）借助红包式营销。作为微信于2014年最新推出的一种重要功能——微信红包实现了货币的电子发放和查收以及体现，而微信红包因为其实际操作简单，金额由个人进行设定，具有较强趣味性和吸引性，符合用户的心理需求，能够在网络上快速发展，并获得广大受众的认可。因此，酒店可借助于红包做好公众号的营销，具体策略如图7-5所示。

策略一　在营销过程中，倘若关注数量达到一定数量，则可以给予红包奖励

策略二　在实际购买阶段，酒店可通过微信红包的方式吸引客户完成酒店产品的购买

策略三	在完成购买之后，可将微信红包作为折扣直接返还给客户
策略四	在客人入住之后，酒店可在公众平台通过抽奖和有奖竞猜等多种方式，提升客户在酒店中住宿的基本趣味性
策略五	在客人离开之后，酒店可在节假日向客户发放红包，从而提升客户对于酒店的好感，确保客户再次进入酒店入住

图7-5　微信红包式营销的策略

4.微信公众号的加粉技巧

对于酒店来说，微信公众号营销第一步就是有数量众多的粉丝，通过在粉丝中推广营销来提高受众，增加潜在客户。当微信公众平台有了一定数量的"粉丝"之后，营销计划才可能会有效果，才能看到微信营销的威力。

🔍 **小提示**

在微信中，用户可以经过扫描辨认二维码身份来关注酒店公众号。酒店可以设定本品牌的二维码，用折扣和优惠来招引用户重视，拓宽微信营销的推广形式。

（1）吸引粉丝。酒店要利用微信吸收更多的粉丝，可以采取线上线下结合的方法进行，尽量争取更多的粉丝，并努力将他们发展成自己的客户，具体如图7-6所示。

技巧一	丰富推广渠道，形成线上线下互通的推广渠道
技巧二	借人传播，借物推广，酒店的任何产品与平台都可以用来推广
技巧三	在线促销活动必不可少，有优惠有折扣才能吸引顾客眼球
技巧四	挖掘互动新形势，提升粉丝互动量
技巧五	紧抓亮点，关注业界最新话题，形成时事效应

图7-6　吸引粉丝的技巧

（2）线下推广。线下永远是搜集微信精准粉丝的最佳渠道，所以酒店一定要做好线下客户的积累，而不是盲目地利用各种网络渠道去推广公众号和二维码。微信营销不在客户数量而在客户质量，只要有精准的粉丝，就算粉丝量只有几百人，都能把粉丝非常有效地转化成消费者。具体方式如图7-7所示。

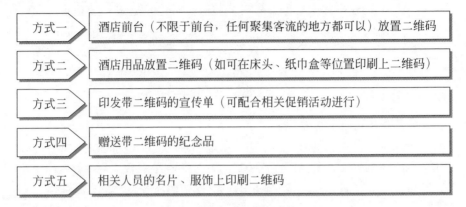

图7-7　线下推广的方式

（3）线上推广。酒店也可通过图7-8所示的方式加大线上推广力度，以获取更多的粉丝。

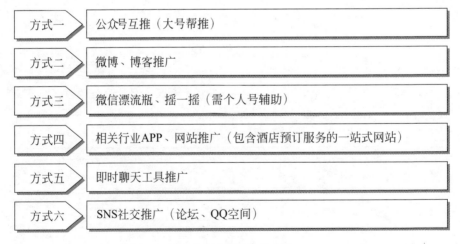

图7-8　线上推广的方式

在完成最初的粉丝积累后，通过对微信公众号的日常维护，可以将优惠信息推送给顾客，刺激顾客二次消费；也可以通过公众号和粉丝互动，提升顾客活跃度；或者是推送美文通过软性的营销手段塑造企业品牌形象，提升品牌在顾客心中的形象。

5.微信公众号图文推送

做好公众号营销的一个关键点就在于我们所推送的内容，除了要与酒店特点紧密结合外，更应该从客人的角度去着想，而不是一味地推送乏味的酒店内容。因为我们所使用的公众号不是为酒店服务的，而是为客人服务的，只有从你的信息当中获得想要的东西，客人才会更加忠实于你，接下来的销售才会变得理所当然。

（1）推送原则。酒店在利用微信公众号向客人推送图文信息时，对推送时间及内容应把握图7-9所示的三点原则。

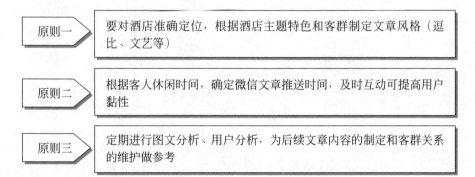

图7-9　微信公众号图文推送的原则

（2）推送的注意事项。向粉丝频繁地推送消息可以提高企业的曝光率，也可能会招致粉丝的反感，让粉丝取消关注。所以在推送内容上需要经过仔细选择，及时分析微信数据，根据数据调整微信推送的内容。

推送图文消息不可忽视的细节

一、推送时间要与客人休闲时间吻合

文章的推送周期最好是每周1次，这样不会打扰到客人。如遇节假日推送促销活动信息等，可增加推送次数，或以多图文形式推送。

每周推送的时间最好能固定，利用休闲或碎片化时间，培养客人阅读习惯，且不会被网络信息快速覆盖。推送公众号文章最好的四个时间段为早上7:00～8:00，中午12:00～13:00，晚上18:00～19:00，21:00～22:30。

二、文章标题要吸引人

标题分为主标题和副标题，在海量的信息中，让客人在3秒内就决定是否要打开该文章，标题亮度的贡献率在50%以上。如下图所示。

微信标题

1.标题形式

（1）标题越简洁，越能快速被客人解读。

（2）标题字数尽量控制在13个字以内。

（3）标题可添加"【】"来凸显关键字，或简洁的"|"（竖线），但不要有过于繁琐、奇怪的符号。

2.标题类型

（1）以"悬"引人。标题埋下伏笔，增加趣味性、启发性和制造悬念，引发客人阅读正文的欲望。如"酒店人职业病到底有多可怕？"

（2）以"利"诱人。在标题中直接指明利益点。如"注册××酒店会员，即可享受99元特价房"。

（3）以"情"动人。文章标题抓住一个"情"字，用"情"来感动客人。如"3年的辛苦付出，一份让她泪流满面的礼物"。

（4）借"热点"。抓住热门事件、节假日热点，吸引客人关注。如"圣诞节客房预订火爆的酒店居然是这家！"可以借助百度搜索风云榜、搜狗微信搜索来捕捉热点。

（5）列数字。数字给人信任、权威的感觉，营造视觉冲击力吸引眼球。如"3天时间，这家酒店预订量超过××万！"

三、文章内容要符合酒店特色

文章要避开敏感、带有政治色彩的词汇，以积极、阳光、健康的内容呈献给客人。

1.文章的类型

酒店推送文章的类型可包括以下几类。

（1）酒店推出的促销、优惠、打折等活动，提高客人黏性。

（2）客人住店体验，真切的感受更打动消费者。

（3）当地景区、美食、娱乐等介绍，丰富公众号的趣味性。

（4）酒店经营中的小故事，提升酒店形象，扩大影响力。

文章要层次清楚、简洁流畅，融入一些趣味元素。开头要有代入感，激发客人阅读的兴趣；中间部分简明扼要地向客人传达信息；结尾呼应开头，刺激客人预订酒店等；文章底端设置酒店二维码，提醒客人扫描关注；"阅读原文"里可设置酒店预订页面链接，引导客人快速下单。如下图所示。

微信推送文章

2.文章的排版

文章排版风格要统一，简洁美观。可以直接利用微信后台的编辑器进行排版，还可利用第三方平台排版工具，复制编辑好的内容直接粘贴到微信后台。

四、及时互动可提高用户黏性

微信公众号只有两个窗口可以与客人互动：消息管理和留言管理。

消息管理中的信息是客人直接在公众号输入的信息（48小时内回复，过期将无法回复），留言管理是客人在您推送的公众号文章后面进行的留言。

酒店前台可担任客服的工作，起个好听好记、亲切感强的名字，如"小呼"，在轮班时对客人信息进行回复。

五、定期效果分析，让运营更精准

每周对公众号图文和用户的数据进行统计分析，为后续文章推送内容、时间等提供优化指导。

（1）用户分析。用户增长量（最近7天内新增、取关、净增、累积人数）和用户属性（男女比例、省份和城市分布情况）。

（2）图文分析。可分析出客人阅读文章是通过公众号直接打开，还是通过好友转发或朋友圈转发，以此来调整文章标题和内容。

三、微信小程序营销

小程序的兴起，对于酒店行业来说又增加了一个推广渠道。

1.什么是小程序

微信小程序，简称小程序，缩写XCX，英文名Mini Program，是一种不需要下载安装即可使用的应用，它具有图7-10所示的特点。

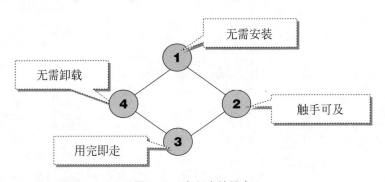

图7-10　小程序的特点

小程序实现了应用"触手可及"的梦想，用户扫一扫或搜一下即可打开应用。也体现了"用完即走"的理念，用户不用关心是否安装太多应用的问题。应用将无处不在，随时可用，但又无需安装卸载。

2.酒店小程序的优势

酒店小程序具有表7-3所示的优势。

表7-3 酒店小程序的优势

序号	优势	具体说明
1	凸显酒店的主题或特色	以一键连WIFI接入服务界面，增加酒店关注度、美誉度，最终达成客人增加停留时间，增加收益。少量广告费投入，大收益。异业联盟手段更完善、高效、简便，随时可以调用适合酒店当下场景的合作伙伴，提升酒店收益手段更灵活
2	增加在店客人平均消费	酒店可将餐饮、SPA、零食、饮料、生活用品、枕头菜单等服务，及酒店周边美食、活动、娱乐、特产等，在小程序通过精美的图文、促销、点评、捆绑打包、免费试用等方式提升曝光度及转化率，提高客房平均消费
3	满足客人个性化需求	如酒店微服务提供枕头菜单、睡眠测试、灯光、音乐等个性化服务，客人可根据自身的喜好选择合适自己的枕头、美容美发、按摩、小电器、智能硬件等，销售客房时可作为卖点，打造特制房型，提升客户满意度及产品价值
4	实现设备资源共享，降低采购成本	如枕头菜单、空气净化器、干衣机、电暖机、耳机、加湿器等非标配设备，实现资源共享，用户通过服务软件通知服务员即可，避免大量采购增加客房成本
5	体验式购物额外增加收入	供应商提供样品给到客人免费体验，客人体验好可购买回家，厂家负责发货，酒店得到分成
6	客人服务请求迅速响应	客人无需拨打电话，酒店无需接听电话，特别是在入住高峰服务时段，通过楼层、物品、时间匹配，服务员能在手机及时接收客人服务请求并安排处理，提升运营效率
7	更环保、更及时实现酒店O2O	电子化菜单可根据市场需求随时修改促销政策，每年节省大量纸质宣传册损耗，让客人在线上下单、店内得到服务
8	记录客人喜好，收集客户反馈	后台自动记录客人消费记录及喜好，以便客人下次到店前做好个性服务准备，提升客人对酒店服务的认同感

3.酒店小程序的应用场景

在小程序能力极大开放、市场普遍认识以及乐意接受的环境下。酒店、住宿行业的小程序有哪些新增的能力及可以布局的实际应用场景呢？具体如表7-4所示。

表7-4 酒店小程序的应用场景

序号	应用场景	具体说明
1	酒店介绍	展示了酒店相关文化、场景布置的照片、酒店发展历程等，全方位地展示酒店文化，获取客户的进一步认可，树立良好的行业形象，有利于活动的更好推动
2	品牌介绍	介绍酒店的品牌历程以及酒店的相关特色，给消费者清晰展示品牌故事，加深印象，更好宣传企业品牌，增强用户黏性

续表

序号	应用场景	具体说明
3	建议反馈	对于酒店提供的产品或者服务进行意见反馈，并留下用户的联系方式，听取用户的意见，改进相关的运营方案，与用户形成良好的互动关系，注重用户意见，提高用户体验
4	在线咨询	直接在小程序页面展示酒店的微信以及客服电话，客户直接进行联系，一触即达，及时捕捉客户需求，快速解决客户疑惑，展现高度专业与优质服务，提高用户体验
5	位置导航	展示酒店的位置信息，包括门店的分布点、位置详细布局等，客户直接点击即可实现导航。客户可以根据展现的地址信息选择有利位置，可便捷客户选择迅速到达的地方，聚焦客户
6	预约入住	客户可以预约入住时间段，可以自由设定，还可以预约所选的房间套餐等，为客户提供了灵活的时间准备以及日程的有效安排，提高用户体验

 相关链接

小程序与凤凰国际酒店的完美结合

1.智能连接线下服务情景

以前要通过微信服务号来预订，操作复杂，消费者主动操作意愿不大。现在直接使用小程序，配合个人号来进行操作，更加提升了营销人员的工作效率，也方便了客人体验。

打开碧桂园凤凰国际酒店小程序，会为你自动定位，点击"附近酒店"即可查看你所在位置附近碧桂园酒店列表，也可以手动输入关键字、位置查询。如下图所示。

在附件酒店列表里，可以清晰地看到距离，还能看到由消费者最关心的价格、好评等关键因素生成的推荐排序，让消费者对比选择时一目了然。如下图所示。

小程序酒店预订网页截图

小程序网页截图（一）

选择点击一个酒店，即可跳转该酒店的主页，就像淘宝上的商品一样，有消费者的评论，有酒店的详情，消费者有更深入了解，选择的可能就更大。如下图所示。

小程序网页截图（二）

2.满足更多需求，刺激用户多元消费

商城是碧桂园酒店小程序的一大特色，酒店的餐饮、温泉、SPA等增值服务在小程序有专门展示的窗口。

小程序商城网页截图

此外，基于酒店的位置，还可以以优惠票形式购买附近景点的门票。这一举措是对于酒店、房客、周边景点来说都是共赢的。

3.实现全景连接，花式营销促业绩

小程序可以连接到一切有价值的场景，让身处这个场景的人可以实现所见即所得，所以无论是点餐、退房还是其他服务，在酒店小程序都能方便快捷享受处理。

"附近小程序"功能已开放，消费者在微信小程序入口进来，查看的附近小程序就能看到已拥有小程序的酒店，曝光率很高，而且小程序为传统的二维码扫描和支付功能增加了更为具体化的使用场景。

如果酒店把小程序的二维码印刷在宣传手册或单页上面，则会让宣传单和宣传册更具备口碑传播效果，引来很多粉丝。

碧桂园酒店小程序拥有一个完善的会员中心，不仅方便客人查看自己的消费，后台还可自动记录客人消费记录及喜好，以便客人下次到店前做好个性服务准备，提升客人对酒店服务的认同感。如下图所示。

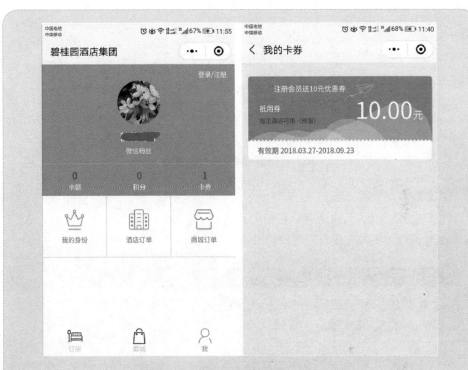

会员中心网页截图

酒店还可用"会员中心"卡券这些功能来做营销活动，引流客户，以优惠取胜于同行，碧桂园酒店小程序的卡券还能转赠好友。

如此，小程序的运营会更联动、体系化，不再是单一功能的工具。

4.小程序在酒店的想象空间非常大

比如我可以在入住前预定客房、预定餐位，我们同样可以在入住中通过小程序实现开门、取水、叫餐、支付、快速退房等服务，甚至我们有可能通过小程序替代酒店的语音系统，酒店可以省下一笔不小的语音系统安装费用，入住后也可以做点评、打赏、叫车、物品邮寄等服务。

四、个人微信号营销

微信，作为目前大家交流最重要的工具之一，而且使用率不断提高。因此，在微信上与常态客户或者潜在客户交流，无论是平常的闲聊或是介绍产品、商谈交易，都是很不错的营销方式。酒店营销人员可以按图7-11所示的策略，做好个人微信号的营销。

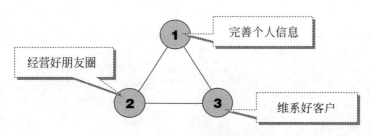

图7-11　个人微信营销的策略

1.完善个人信息

（1）选择正确的头像。微信营销的目的就是希望先"卖人"后"卖服务"，所以营销人员可以将真实的自己展现给对方。

小提示

真实的头像能够在添加陌生人时加大通过率。最好不要使用卡通类的、美颜后的自拍、宠物类作为头像。

（2）合适的微信名字。与头像目的一样，名字也能将最真实的自己营销给对方，所以理想的方式就是大方地将自己的真名设为微信名。也可运用英文名以及小名，这样会更有亲切感，且容易记忆。但前提是，你的小名或者英文名在你的生活中、工作中是广为人知的。

小提示

虽然加上AAA在名字前的方式很容易将自己的联系方式放在通信录靠前的位置。但是这种方式特别容易被客户屏蔽。某些"字母"客户根本不知道什么意思，而"销售"字样在加好友时容易被拒绝。

（3）用你的签名来为你做广告。个性签名在微信的各类设置中相对来说是比较不起眼的，但是对于营销型的微信来说还是希望借由这里的文字给自己做广告，同时将自己的联系方式、简介公之于众。

小提示

在平时维护中可以定期更新，将公司最近活动以及优惠信息进行发布。

2.经营好朋友圈

做好营销型的个人微信号，经营好朋友圈至关重要。一般来说，朋友圈发布的内容主要如图7-12所示。

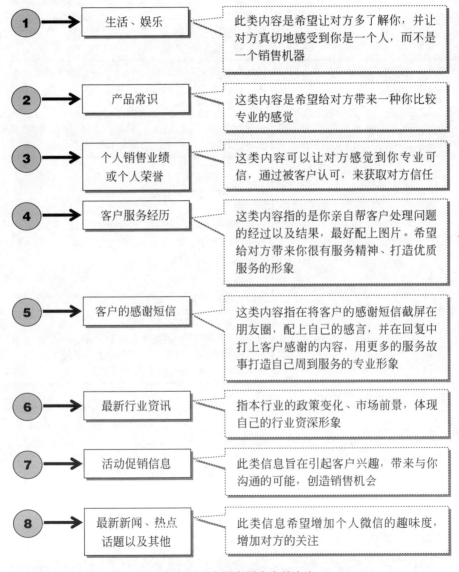

图7-12 适合朋友圈发布的内容

3.维系好客户

玩手机也能玩出单，为了维系新老客户，营销人员应该怎么去做？表7-5所示的是营销人员在与客户交流过程中常出现的几种情况与对策。

表7-5　与客户交流常出现的情况与对策

序号	情况	具体分析
1	客户开了微信，也知道你有微信，互为好友却很少联系	说明你们关系很一般，没有沟通的欲望。这时就要多做努力，节日发一些祝福，平常发一些关怀的语言，拉近双方的关系
2	你主动加客户，也报了姓名，没有回应	说明你对他是可有可无的。不用心急，不必频繁跟其联系，常关注其朋友圈，储备好知识，找一个好的时机跟他讨论其分享的内容
3	对方很在意你的朋友圈分享，常点赞，但从不说话	这时你如果主动沟通，如得到积极回应，说明其对你是无防御的，否则，说明你目前处于弱势
4	你经常关注对方朋友圈点赞评论他的分享，每次或多数都有及时回应	说明他不厌烦你，并尊重你。若得不到顾客的及时反馈，说明对方并不希望与你有过多联系
5	如果对方从未对你有过痕迹式的赞美与评论	说明他对你重视不够，或不愿与你拉上瓜葛，以免不必要的麻烦
6	如果你给他发信息，弹出一个框让你验证身份	说明你已经被他从微信通信录里删除，在对方眼里，你已经是一名陌生人。回想一下，是不是过于频繁骚扰客户？甚至在顾客提醒之后，依旧我行我素
7	如果你发给对方的信息被拒收	说明你已经被对方打入黑名单，成为对方不欢迎的人。原因和第六种情况类似，也许是因为骚扰、发广告的频率太高。想要客户把他的钱放入你的口袋，需要建立强大的信赖感

相关链接

个人号如何与客人私聊

个人号，顾名思义就是个人的联系号码，酒店方和客人之间是一对一的私人交流方式，所以又简称私聊。

关于私聊如何开展呢，可参考以下内容。

1.私聊前的准备

在我们准备与客人私聊的时候，可以根据自己对用户进行判断，先对目标客人的信息和备注有一个了解，然后浏览对方的朋友圈，确定其近期的生活、工作状态和兴趣等。

2.从关心对方开始

私聊开始的问候是不可或缺的，然后可以从对方的近况切入，适当聊聊对方感兴趣的话题。聊天也能聊出对方需求，让人感受到我们的真诚与关心。

3.输出价值提供干货

私聊到一定阶段，可以围绕出差、住宿等话题输出价值，产生共鸣后逐步提供有价值的干货。一对一的私聊互动虽然看起来很慢，但效果却会惊人的好，正所谓：慢就是快。

第八章　微博营销

随着微博的出现与蓬勃发展，微博营销越来越受到酒店业的青睐。微博不仅是一个交流平台，更是营销和传播的电子商务平台。

一、微博营销的概念

根据微博的产生及功能，微博可以被定义为一个基于使用者关系的信息分享、传播以及获取的平台。微博带来最大的变化就是使用者可以通过PC、手持设备等各种网络客户端组件进入其页面，以少而精的文字量更新信息，并实现即时分享。

微博一经问世，精明的企业家们便开发了其除了聊天之外最商业化的用途，即微博营销。现在几乎人人都可以在所谓门户网站注册一个微博，然后利用微博更新自己的信息，并且可以就每天更新的信息和指定的人甚至陌生人进行互动，如此就可以符合营销的潜在意义。

企业微博营销指的是一种以微博为主、整合了多种媒体资源而进行的营销活动，例如手机市场信息、跟消费者之间进行深入的互动、宣传公司的文化理念、产品促销、产品服务、突发事件的处理等，以实现进一步提高企业品牌影响力，得到尽可能低成本的预期效果。

二、微博营销的模式

微博是一个基于用户关系的信息分享、传播以及获取的平台，允许用户通过Web、Wap、Mail、APP、IM、SMS以及各种客户端，以简短的文本进行更新和发布消息。微博的营销模式主要有图8-1所示的几种。

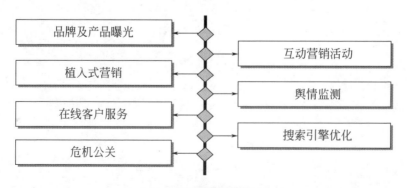

图8-1　微博营销的模式

1.品牌及产品曝光

一些比较大的酒店经营微博的目标是希望通过微博来做品牌。他们通过微博发布一些品牌信息，通过与客户建立关系，为品牌服务。

2.互动营销活动

在微博上，人情味、趣味性、利益性、个性化是引发网友互动的要点。通过微博的互动，建立良好的朋友关系，号召的活动响应的人就多了。

3.植入式营销

微博是植入式广告的最好载体之一。

比如，7天酒店家族的一个植入式广告："#全民VIP狂欢节#最浪漫的跨年方式，莫过于在7天柔软大床上裹紧小被子，煲一部情侣必看电影[doge] 2月10日～2月21日上百度App，海量高清影视免费看，电影大床都准备好了，只要带上ta就可以啦！#7思妙想# 关注@7天酒店家族，并转发微博@ 一个ta，2月21日抽一名小可爱打666元现金"。

4.舆情监测

社会化媒体的到来，使得传播由"权威式"演变为了"集市式"，每个草根用户都拥有了自己的"嘴巴"，每个人都是一个媒体。

微博最可能成为舆情引发的信息源，为报道提供全新的即时互动模式；微博提供了官方和民众沟通的又一渠道，是政府舆情监测的重要平台；微博在企业的口碑监测和危机公关方面都具备极大的利用价值。

5.在线客户服务

微博具备全天候24小时、面对面、即时性、一对多等服务特性，所以，微博为企业客服打开了一个新鲜的窗口。服务型企业在进入微博的第一时间就需要建立一个"客服账号"。这个层面的服务是企业存在的一个证明。

6.搜索引擎优化

新浪微博的内容已经出现在百度搜索结果页，说明微博的影响力正在扩大。对于日访问量10000以下的小型网站来说，吸引相同数量陌生访客的成本，微博营销比搜索引擎优化和搜索引擎广告投放都要低很多。利用微博进行搜索引擎优化的方法是：把客户行业的某篇值得关注的新闻，转载到客户需要营销的网站，提炼新闻点，做成微博。在微博里附带上该篇新闻在目标营销网站上的链接，使用热门微博ID发出。

7.危机公关

微博相当于一个小小的自有媒体，可以拥有自己的听众和话语权。粉丝超过100，就好像是本内刊；超过10万，就是一份都市报；超过100万，就是一份全国性报纸；超过1000万，就是电视台，超过1亿，就是CCTV。微博已经成为一个重要的公关渠道。

三、微博营销的策略

实践证明，酒店通过微博不仅可以有效地去感知顾客需求，提升酒店知名度，还可以较低的成本维系顾客关系，扩展客户资源，让酒店产品和服务信息传递出去。因此，酒店应当注重开发微博营销的商务价值，采取正确的营销策略，使微博在营销中发挥更大的作用。具体如图8-2所示。

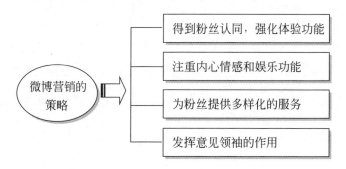

图8-2　微博营销的策略

1.得到粉丝认同，强化体验功能

酒店微博不能仅满足于介绍产品功能、价格以及服务，更要注重让消费者建立起对产品的感官体验和思维认同。要利用微博平台开展体验活动，让消费者通过参与深入理解和体验品牌内涵，进而认同品牌并逐渐酝酿起购买冲动。

（1）扣人心弦的体验主题。微博体验主题要在强调用户体验的同时融入酒店品牌基因。

比如，香格里拉酒店集团携手新浪微博开展的"我的香格里拉"摄影大赛活动，邀请微博粉丝透过镜头捕捉"香格里拉"优雅、自然、宁静、迷人和关爱的精神气质，粉丝踊跃参与，共收到3000多幅照片，他们用镜头捕捉和诠释了自己心中的"香格里拉"，所有照片于2011年12月至2012年6月在北京国贸大酒店、上海浦东香格里拉大酒店、广州香格里拉大酒店和成都香格里拉大酒店巡回展出，吸引更多人成了香格里拉的粉丝。如图8-3所示。

（2）多样化的体验形式。微博体验包括多种体验形式。

① 主题讨论。博友们可针对特定主题进行充分的讨论和沟通，阐述并分享各自观点，不断加深对主题的理解和体会。

香格里拉酒店集团 V

2012-3-6 11:15 来自 专业版微博

第二届"我的香格里拉"摄影大赛获奖作品将于3月9日起在【浦东香格里拉】展开为期三周的展示。此后这些获奖作品还将移师广州和成都。首届"我的香格里拉"摄影大赛于2009年举办，第二届大赛以"关爱·和谐"为主题，于2011年8月31日在北京启动，在两个月内共征集到约两千位作者的近3000幅摄影作品。

图8-3　酒店微博界面截图

② 图片欣赏与作品创作。图片极具视觉冲击效果，与体验主题相关的图片分享，有助于深化旅游酒店粉丝们的品牌体验。

比如，香格里拉酒店集团开展的"美图与美文"，同大家分享曼谷之旅的美食、美景，极受粉丝欢迎。

对酒店而言，满足粉丝需求是其微博营销的目标和动力。

2.注重内心情感和娱乐功能

微博内容要集中关注粉丝真正关心的事情，单一的产品促销和广告会让粉丝们敬而远之。因此，微博内容应体现情感风格，多采用粉丝喜欢的网络语言如"亲""给力"等，并用口语化的啊、呀、耶、哦之类的词及笑脸表情来表达情感。在语言风格上，酒店可以创造富有特色的语言风格，类似于"凡客体"、华为的"I Wanna CU"，轻松有趣的语言风格，容易引发粉丝的转发仿效。

酒店微博还可用社会名人、高管、员工或是自创虚拟形象来为酒店代言，比如布丁酒店微博自创的"阿布"品牌卡通图案，形象生动可爱，让粉丝们倍感亲切。如图8-4所示。

图8-4　酒店微博界面截图

酒店可在微博中塑造粉丝感兴趣的酒店典型人物形象，如大堂经理、大厨、调酒师、服务生等角色，用他们的眼光和口气来阐述现实中发生的种种生动有趣的故事，汇聚成粉丝竞相追看的"酒店微博剧"。

3.为粉丝提供多样化的服务

研究发现，有相当多的微博粉丝根据从微博上看到的信息选择酒店订房、订餐。酒店要完善信息服务和咨询建议，为微博粉丝提供多样化的信息服务和消费选择。具体措施如图8-5所示。

措施一　酒店可在旅游旺季，把客房每周预订信息及时对外进行预报，包括酒店星级、房间数量、预订率和预订电话等信息

措施二　酒店可借助某些微博平台拥有的电子商务、电子支付等功能实现预订、支付、点评一体化的在线体验流程

措施三　酒店可通过超链接、图片和视频来展示酒店的软硬件设施、服务过程、环境氛围等，让粉丝们"眼见为实"

图8-5　酒店为粉丝提供的多样化服务

4.发挥意见领袖的作用

酒店应充分发挥微博中意见领袖的号召力，让尽可能多的目标顾客主动并且乐意接受酒店所要传达的信息，以提升微博营销的效果。

比如，香格里拉酒店集团举办的第二届"我的香格里拉"摄影大赛邀请评委包括著名电影导演田壮壮，中央美院设计学院副院长、摄影系教授王川，复旦大学视觉文化研究中心副主任顾铮和知名媒体人洪晃，引发粉丝们对该活动的大量留言和转发，用极小的成本，吸引了上万微博粉丝的高度注意，成功实现了宣传推广酒店品牌的目的。

四、微博营销的技巧

随着信息科技的不断发展和进步，酒店微博营销终将获得更多的发展空间，酒店也将从中获得更大的利益。在这一趋势下，酒店只有正确分析自身的特点与实力，合理市场定位，选准微博平台，把握营销技巧，才能在激烈的市场竞争中占有优势。具体如图8-6所示。

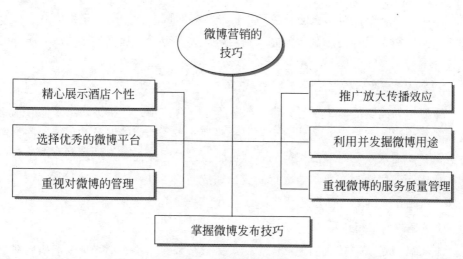

图8-6　微博营销的技巧

1.精心展示酒店个性

酒店微博的独特设计十分重要，要精心设计酒店的头像、文字简介、标签等基本展示元素。酒店头像多采用LOGO，也有采用建筑外观、酒店客房图片等，这能提高潜在客人对酒店品牌的识别度。而酒店简介则追求简洁，争取在第一时间夺人眼球。标签设置也非常重要，它是潜在粉丝通过微博内部搜索引擎搜索到酒店的重要途径。如图8-7所示。

速8酒店 V　　　　　　　　　　　　　　　　　　　　　＋ 关注

♂ 北京，朝阳区 //weibo.com/super8hotel

速8酒店

关注 747　粉丝 32万　微博 2935

简介：速8酒店(Super 8 Hotel)成立于1974年的美国，现隶属于温德姆酒店集团，是全球最大的连...

标签：旅行　差旅　连锁酒店　全球连锁品牌　酒店预订　酒店预定　温德姆酒店集团　super8　速8酒店　酒店

职业信息：速伯艾特(北京)国际酒店管理有限公司

图8-7　酒店微博界面截图

2.选择优秀的微博平台

选择一个有影响力、集中目标用户群体的微博平台无疑能使营销效果事半功倍。

比如，新浪以其"名人战术"这一柄利器吸引了大量用户的眼球，一举成为微博大战的领先者。据有关资料统计，新浪微博的用户率达到64.26%，而腾讯微博则集中了较多的"平民"、草根，比如大学生和一些自由职业者。

因而，酒店要针对自己的特色和定位，找寻对应的微博平台来集中展示自己的风采，让别人看到酒店微博就能想到酒店品牌，也就是让你的微博成为品牌的标签。

3.重视对微博的管理

微博作为酒店的营销工具、客户服务工具、媒体工具，维护人员必须有市场营销和客户服务背景，对消费习惯和消费心理比较了解，能够及时迅速地察觉消费者潜在的需求，同时酒店微博的管理员必须经过系统而专业的培训，不单只停留在技术操作层面上，更需要进行商业公关技巧的培训。酒店领导必须掌握用人之道，真正使微博用之有效。

4.掌握微博发布技巧

发布微博是一项持久的连续的工作，要把它当作日常生活来抓，酒店应对自身品牌个性进行诠释。而微博内容的写作和选择至关重要，虽然是个人操作，但表现方式应以酒店为主，展示酒店的形象，应尽可能避免个人情绪化的表达方式。同时，要避免成为"话痨"，因为更新速度太快反而容易导致粉丝反感。因而，酒店要掌握正确的时间，向正确的目标粉丝发布正确的内容，提高收效。

5.推广放大传播效应

获得尽可能多的被关注，是酒店微博营销的基础。酒店应尽可能地在微博平台互动，包括关注酒店业内其他同行及人物，关注与酒店业相关的行业动态，关注那些关注自己的人，转发评论他人微博等方式，以此获得他人关注。同时酒店应在营销方式上下功夫，发布的微博内容要重视原创，可以制作精品内容、免费赠送客房或者折扣券、巧妙借助热点事件拉近与粉丝距离、发起公益活动吸引粉丝参与互动等，从而提升酒店关注度。

6.利用并发掘微博用途

微博是收集民意的最佳场所，酒店指派专人维护官方微博，在第一时间回答粉丝疑问，解决他们的实际问题，让他们体验到与酒店零距离交互的价值，从而产生信任感。另外也要对前台、预订、销售等所有客人接触的部门进行微博知识培训，并利用各种与客人接触的机会进行微博推广，宣传微博也用微博宣传。

7.重视微博的服务质量管理

酒店微博的一个重要作用是借此来传达自身专业而周到的服务质量，以吸引更多的顾客。酒店服务具有无形性特征，顾客对于服务质量的评价也难以衡量，当发生顾客在微博上抱怨事件时，酒店微博管理人员应引起足够重视，否则将迅速和大面积地影响酒店的形象。

五、获得粉丝的技巧

衡量微博营销是否成功很重要的一个指标是粉丝数。有效的微博营销需要付出多方面的努力，每个环节的失败都会给微博营销带来负面影响，而粉丝数是一个综合指标，粉丝数越多意味着微博营销总体上做得不错。

1.微博账号的功能定位

酒店可以注册多个微博账号，每个账号各司其职。一个微博账号可能承担相对单一的功能，也可以承担多个功能。如果酒店比较大，那么在一个专门的公共关系微博账号外，建立多个部门微博账号是可取的。如果酒店的产品比较单一，那么整个企业建一个微博账号就可以了。

> **小提示**
>
> 一般来说，一个微博账号可以承担了新产品信息发布、品牌活动推广、事件营销、产品客服、接受产品用户建议与反馈、危机公关等多项功能角色。

2.普通用户参与微博的理由

如果酒店已经有了大量的用户群，那么在微博上获取其关注是相对容易的。如果酒店并不具有品牌影响力，那么在微博上获得"陌生人"的关注就需要付出更大的努力。因此要理解微博用户的社会心理需求。虽然没有具体的数据统计，但是可以从新浪"微博广场"的热门话题了解到大部分普通微博用户（非微博营销用户）参与微博的六大理由，具体如图8-8所示。

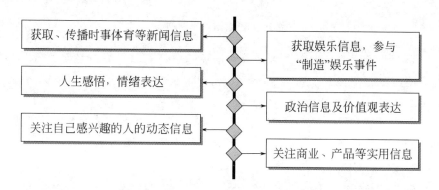

图8-8　普通微博用户（非微博营销用户）参与微博的理由

图8-8中六大理由的排序大致是普通微博用户参与微博的"动机强度"排序。深入地了解这些心理是创造普通用户"喜闻乐见"的微博内容的前提。

3.创造有价值的内容

有价值的内容就是对微博用户"有用"的内容，能够激发微博用户的阅读、参与互动交流的热情。酒店需要平衡产品推广信息与有趣性的"娱乐信息"的比例（"娱乐信息"必须与本行业相关），可以从三个方面调整，具体内容如下。

（1）发布本行业的有趣的新闻、轶事。酒店可以通过微博客观性地叙述一些行业公开的发展报道，统计报表甚至"内幕"，可以有选择性地提供一些有关公司的独家新闻——真正关注你的产品的微博用户会对这些独家新闻非常感兴趣。当然，重点要突出新闻性、有趣性。如图8-9所示。

图8-9　酒店微博界面截图

（2）创业口述史。大多数普通人对创业者总怀有一种好奇甚至尊敬的心态。企业微博可以有步骤有计划地叙述自己品牌的创业历程，公司创始人的一些公开或独家的新闻——类似一部企业口述史、电视纪录片。

（3）发布与本行业的相关产品信息。搜集一些与产品相关的有趣的创意，有幽默感的文字、视频、图片广告，这些创意和广告不一定都是自己的品牌，可以是本行业公认的著名品牌。

4.互动营销游戏

在微博上搞活动真正符合微博拟人化互动的本质特征。只要产品有价值，没人能拒绝真正的"免费""打折"等促销信息，很少有人会讨厌此类信息。常见的微博互动活动形态，具体如图8-10所示。

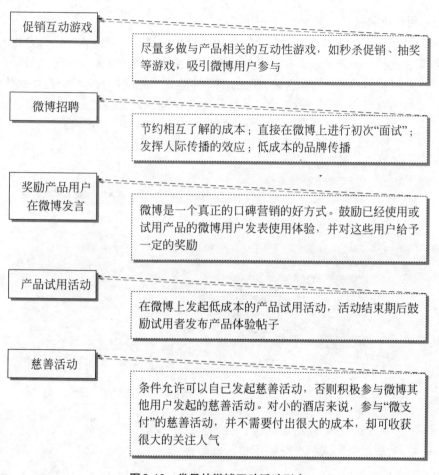

图8-10　常见的微博互动活动形态

六、微博植入广告式营销

在现实生活中，人们购买产品时会"严重地"受到信任的朋友评价的影响。微博是人际交流的场所，在人们交流的过程中植入广告是微博植入式广告的核心。常见微博植入广告的形式，具体如图8-11所示。

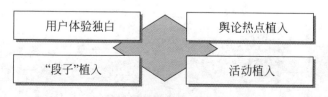

图8-11　常见微博植入广告的形式

1.用户体验独白

人们每天都在微博里记述自己的生活经验和感受，这些内容一定会有相当比例涉及自己使用的产品，这些评论就构成了真实的口碑。如果发起一个活动，让使用企业产品的用户来主动讲述自己的产品体验——无论好的体验还是坏的体验，给予体验独白用户一定的小奖励，就能激发用户向朋友传播这个品牌。如图8-12所示。

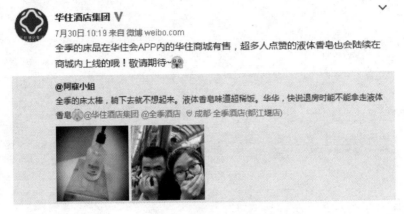

图8-12 酒店微博界面截图

2."段子"植入

好玩、幽默、人生感悟的"段子"（有时配上图片和视频）总是能让大众喜欢——喜欢理由如同人们喜欢听相声、脱口秀的理由一样。因此，酒店微博把品牌植入这些受欢迎的段子之中，受众一般不会反感，反而会赞叹创意的精妙。如图8-13所示。

图8-13 酒店微博界面截图

3.舆论热点植入

针对热点人物、热点事件植入广告。舆论热点有发生、成长、高潮、退潮四个阶段，酒店要敏锐地觉察舆论热点的发展过程，不要等热点退潮后再做文章，那时已经了无新意，引不起观众的兴趣了。如图8-14所示。

布丁酒店 V

今天 09:27 来自 微博 weibo.com

#阿布，早安# 大家早啊

昨晚的 如懿传 看了吗？

#延禧宫略# 和#如懿传#

你pick哪一个

感觉两部剧一起看会看串啊

图8-14　酒店微博界面截图

4.活动植入

微博互动适合做一些秒杀、抽奖、竞猜、促销等活动。如图8-15所示。

格林酒店集团 V

8月17日12:33 来自 微博 weibo.com

#免费睡格林# 新一波的免费试睡来啦~ 8月22日中午12：00前在微信"格林服务号"发送：格菲试睡 就可以参与报名了哟~两家格菲酒店，10个名额，快来体验一下这充满音乐元素的新酒店吧~

图8-15　酒店微博界面截图

第九章 网站营销

互联网每天都在更新信息，谁先一步掌握信息，谁就领先于市场。在快速发展的互联网平台中，网站就像一个通往与外界沟通的窗口，它使人们不管在哪里，只要能上网，都会了解到你想要了解的信息。很多酒店也都开始建起了网站。

一、建设网站的必要性

随着近年来旅游业及周边休闲产业的进一步发展，国内各大城市星级规模酒店也随之发展。快速扩张的酒店规模、不断提升的人工成本以及酒店用品采购导致传统酒店业竞争日趋白热化，使得酒店实际利润增长日趋有限，酒店业面临的经营挑战不断加大。面对如此困局，酒店应在这种竞争环境中，通过建立自身网络营销系统来谋求良好的发展。

具体来说，酒店自建网站的原因如图9-1所示。

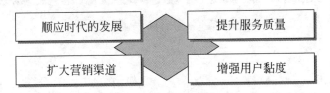

图9-1　酒店自建网站的原因

1.顺应时代的发展

建立自身的网络营销系统是酒店顺应时代潮流的标志之一，由于酒店业归属于传统行业之一，在信息化时代，假设传统行业不顺应时代潮流，就必然遭到市场淘汰，因为现在的酒店订单更多的是来自于客人通过手机或电脑网络等移动设备的在线预订形成的。如今互联网+时代已经到来，酒店的战略化策略必须与互联网+无缝链接才能实现传统酒店业的升级转型。

2.扩大营销渠道

随着当今社会智能化产品的不断完善，酒店与OTA的合作已经不是唯一的营销推广战略，毕竟除了OTA，客人还可以通过搜索引擎、网站、微信公众平台等途径寻找到自己满意的酒店。所以，这个时候酒店也需要通过多途径，进行全方位的网络推广营销，OTA只是酒店营销推广的战略之一，但并非唯一。

3.提升服务质量

酒店可以通过建立网络营销系统，提升酒店服务质量，在该系统下客户可以通过对酒店环境、卫生、服务等进行点评，对酒店服务人员进行最好的监督，从而提升酒店的服务质量。

4.增强用户黏度

该系统可以帮助酒店形成良好的会员制度，它可以通过系统后台强大的功能、便利性和沟通平台帮助酒店转化和培育酒店会员，进一步增强酒店用户的黏度。

由此可见，建立酒店自身的网络营销系统是以"引流准客户，培育会员客"为目标，来帮助酒店实现自主营销，提升客房入住率。所以，酒店只有建立自身的网络营销系统，全方位地实现战略营销，才能摆脱OTA的强食，成功从市场中脱颖而出。

二、网站栏目设计

不同品牌、不同档次的酒店，其风格也不一样，因此在建设网站时，应按酒店的实际情况来设计功能模块。

相关链接

××酒店网站建设方案书

第一部分：网站主要介绍

一、网站风格

网站属性：专业连锁酒店在线预订网站。

二、网站建设目标

（1）树立酒店良好的公众形象；提高知名度与顾客网上搜索率。

（2）为酒店提供网上预订平台。

（3）让顾客及时了解优惠信息、特色活动信息；吸引更多的潜在客户预订。

（4）吸引更多的客户，为现有的客户提供更有效的服务。

（5）建立完善的网上预订服务系统，提高预订管理效率，建立完善的跟踪系统。

第二部分：网站栏目结构介绍

1.网站首页

网站首页是连锁酒店网站的第一窗口，决定客户对连锁酒店第一印象认知度的关键页面，首页的布局和页面风格的设定，对网站整体定位起着决定性的作用。我们将为您量身定制独有的风格和整体形象结构的网站首页。突出"连

锁酒店"个性化设计，对外展示公司的良好形象，为浏览者创造良好的视觉效果！

2.集团简介

本栏目主要是对连锁酒店的介绍和说明，介绍公司概况、特色和服务宗旨，还可以包括公司的历史、大事记、企业文化、公司荣誉等信息。让顾客对其即将入住的酒店产生更加强的信任程度，从而来进一步刺激消费者，把无形的介绍转化成有形的消费。二级栏目包括：集团介绍、品牌故事、总裁致辞、企业文化、大事记等。

3.新闻资讯

以信息发布形式公布公司的新闻资讯、行业动态以及媒体报道等连锁酒店信息。让客户在入住酒店之余可以了解更多的公司新闻信息。二级栏目包括：公司新闻、促销优惠、媒体报道。

4.酒店预订

以电子表格形式在线填写订房信息，浏览者在此填写姓名、手机号、订房房型、人数、入住天数、到店日期、离店日期、联系方法等信息，确认后这些信息将提交给酒店后台管理员。二级栏目包括：酒店预订、地图预订、价格查询、订单管理（后台）。

5.品牌汇

主要是为连锁酒店的个人会员提供用户注册、登录、会员预订、点评功能。会员登录会员中心可以享受会员酒店预订折扣，查看自己的酒店订单、查看积分、修改联系信息、修改密码、查阅自己历史订单等网站全面的客人会员功能。二级栏目包括：我的订单、我的点评、我的资料、我的常住酒店、会员权益、会员公告、会员手册、会员点评。

6.客人点评

本栏目是一个互动动态栏目，是网站管理者获得网站访客反馈信息的一个重要来源。它主要是提供了一个公共的信息发布平台。在这一栏目中，入住酒店的客人登录会员中心可以发布对酒店的入住体验点评。酒店可以针对客人的点评进行回复。二级栏目包括：客人点评、酒店回复。

7.会员中心

主要是为连锁酒店的个人会员的权益介绍以及常见操作指南等内容。二级栏目包括：会员权益、会员公告、会员手册、会员点评。

8.人才招聘

在这一栏目中，对于对贵公司感兴趣的人才提供一个毛遂自荐的机会，为贵公司网罗各路精英，充实实力，加快发展。同时也体现了酒店对人力资源的重视，企业要发展，人才库的装备是必不可少的。二级栏目包括：人才战略、人才招聘。

9.联系我们

客人和酒店之间联系沟通的渠道，对于对贵集团感兴趣的潜在客人提供酒店的详细联系方式，便于访问者和酒店的及时沟通。二级栏目包括：联系方式、酒店地图。系统提供一键导航功能，方便客人入住。

10.附属栏目

本栏目是一个附属栏目，可以增加一些网站实用工具信息，例如网站流量统计系统、二维码、微信信息等。二级栏目包括：友情链接、联系我们、免责条款、酒店加盟、酒店登录等。

11.网站预订相关功能描述

（1）酒店搜索。入住日期、离店日期、酒店位置、价格范围、酒店关键词（酒店名称）。

（2）地图搜索。入住日期、离店日期、酒店位置、酒店关键词（酒店名称）。

（3）酒店预订信息。房间信息（面积、楼层、房型、床型、加床、早餐、宽带）、预订价、入住日期、离店日期、周末价、平时价、特殊日期价格、是否含早、返现金（入住后点评）。

（5）酒店预订订单信息。① 房型、价格；② 确认方式（短信、固话）；③ 入住人数、入住姓名；④ 入住日期；⑤ 离店日期；⑥ 预订人姓名；⑦ 预订人手机；⑧ 最早到店时间；⑨ 最晚到店时间；⑩ 其他需求（加床、电脑房、无烟房），加床要注明需另加价。

（6）个人会员中心：① 我的酒店订单；② 我的积分；③ 我的信息；④ 我的常住酒店；⑤ 我的酒店点评、我要点评；⑥ 最近访问酒店；⑦ 个人账户信息；⑧ 修改资料。

（7）酒店会员管理后台：① 更新酒店信息；② 房型信息登记；③ 客房预订管理；④ 酒店点评管理；⑤ 酒店地图标注。

（8）预订帮助。① 新手上路；② 预订流程；③ 奖金提现；④ 售后服务。

（9）酒店点评。① 点评等级；② 会员预订后成功入住后登录会员中心点评；③ 酒店可以查看针对自己的点评，可以对点评进行回复。

第三部分：网站程序介绍

（略）

三、网站建设的要点

一个好的网站会增加用户对酒店的信任度，是用户了解酒店的直接途径之一。

因此，在网站建设时，要注意以下要点。

1.首页设计有特色

首页的设计要突出酒店行业的特殊性，具体要求如下。

（1）在设计上尽量个性化，并以动画来展示酒店的整体形象，为使浏览者多方位了解酒店，可简要说明酒店的概况、特色、接待能力和服务宗旨，还可以介绍酒店的一些成功案例及接待过什么样的人物及举办过的某些大型活动。如图9-2所示。

图9-2　酒店网站首页设计界面截图

（2）在房间介绍中，可推荐几个不同档次房间来满足不同层次的消费者。

（3）在方案实现上，可结合图文效果更直观地展示。

2.慎重设计域名

酒店网站的域名，就像每个家庭的门牌号码一样，既要好记，又要好听，可以采用数字、拼音、英语、缩写的行式。一个好的域名应该具有简洁性，避免过长的字符导致记忆的困难，设想一下，用户想浏览你的网站，但是域名记不牢导致反复输入也无法准确访问，那样用户就会烦了，转而选择同行酒店网站好听、好记的域名去解决需求，那样就得不偿失了。

此外，域名还应该考虑到网络的国际性，兼顾国际的用户。域名具有唯一性，一个域名一旦注册成功，任何其他机构都无法注册相同的域名。域名是酒店网站重要的网络商标，在网络营销中起到酒店网站标识的作用，在进行域名的命名时，要考虑到域名与酒店网站的名称、标识相统一。

> 🔍 **小提示**
>
> 　　一个好的域名，事关未来酒店网站网络品牌形象成功树立的大局，也是网站权重与后期打响网站品牌的关键因素之一，所以选择域名要三思后再做决定。

3.具有行业共性

建设一个网站，首先考虑酒店所属的行业特点。

比如，我们随意在网上搜索下制造业、化妆品行业，在跳出来的各个酒店网站中点击，你会发现，同一个行业的网站，或多或少的都存在着共通之处，有的是网站的设计风格类似；有的是版面、布局类似；有的是栏目架构类似。

这些共通点，象征着同一个行业的共性，也是用户对这一行业所熟悉的部分，所以，某些共通点是酒店在建设网站时需要借鉴和参考的。

酒店网站建设，会有其根本需求，具体有以下几种。

（1）有的酒店把网站作为网络品牌的形象，所以注重品牌的塑造，重视页面的设计感。

（2）有的酒店用网站来销售公司产品，在网站设计上不强调浓重的设计感和创意，而是重点突出产品的展示和销售。

（3）有的酒店突出网站与用户的互动性，采用Flash游戏、360度全景、3D等效果增强网站的趣味性等。

总之，每个网站都有自身的行业特点及酒店网站本身的建站需求，想要建设一个适合酒店网站自身的网站，就需要在建站前明确好网站建设的主题方向，莫求大而全，也不要盲目追随，要根据自身实力做好相应判断，为酒店网站建设定好位。

四、酒店网站本地化技巧

酒店要想推广自己的特色，突出地方体验，就要确保自己的网站能鼓励潜在客户直接预订，具有引人入胜的在线旅游资源。对此，酒店可按图9-3所示的技巧来将网站本地化。

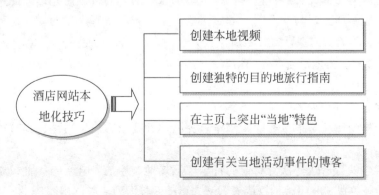

图9-3 酒店网站本地化技巧

1.创建本地视频

根据Google的游客决策报告，66%用户在进行旅行决策时，会观看有关旅行的视频。因此，如果酒店的主页有视频内容，就可以在瞬间吸引观众，激发他们幻想在入住酒店期间可以进行什么样的度假。

酒店可创建一个简短的视频，内容可展示本地最好的景点介绍，如各大公园、徒步旅行线路、当地热闹的夜生活、文化亮点或距酒店几步之遥的美丽沙滩等。或者多捕获当地节日活动的镜头，如美食节、现场喜剧演出、艺术展览和农贸市场等，把目的地包装为全年任何时候都有丰富多彩的特色活动。这种引人入胜的视觉享受能够给客户充分的理由进行最后的酒店决策，并刺激他们一步步做出其他预订决策。

2.创建独特的目的地旅行指南

虽然宣传视频将让游客对酒店有所了解，但是要想让客户对附近的景点有更深刻地了解，还需创建一个专门页面。

这点上酒店可借鉴Airbnb的成功经验，Airbnb做了以此为主题的指导手册，每个手册都展示了Airbnb房主推荐的最好的本地景点。每个景点都包括书面说明，并在地图上标明距离酒店多远，并附加景点官方网站链接。一个专门的页面可作为游客的"导游"，带领游客预演一遍目的地旅程。但更重要的是，它可以把酒店定位为住宿之余，游客在停留期间可以信赖的有益又知识丰富的一大资源。

3.在主页上突出"当地"特色

据统计，55%的用户在网站停留的时间少于15秒。因此，在用户打开酒店主页的那一刻，就要呈献给他们一个令人信服的留下来的理由。

虽然客户浏览酒店网站，明显是为了了解房间和配套服务设施，但酒店主页可以做得更多，它可以突出独特的本地体验，让客户心动，成功给他们留下深刻印象，让游客了解此行的价值。在主页中加入目的地的特色简介也许能帮助酒店在同行中脱颖而出，与众不同。酒店只要在第一时间激起用户的兴趣，就能成为用户深入了解酒店的强有力的理由。

4.创建有关当地活动事件的博客

毫无疑问，维护一个博客是需要时间的，但只要方式得当，它就能够成为宣传酒店附近景点强大的资源。当然，酒店在进行内容创建时，换位思考客户真正在乎什么样的体验是很重要的。浏览点评网站并要求客户反馈是收集有益意见的一种简单方法。

酒店可以写一些非常受欢迎的音乐表演场地、当地人喜爱的美食餐厅、热门话题、顶级免费家庭出游景点或者逃避人群的最佳海滩之类的内容。

新文章除了可将游客吸引到酒店网站，同时还可为电子邮件营销提供灵感。个别文章还可以经重新包装成一个完整的目的地指南，为订阅了该信息的用户提供免费下载。

小提示

通过建立鼓舞人心的内容来将酒店网站本地化，潜在客户预订酒店的理由也将不只是房间是否舒适。

第十章 团购营销

随着电子商务的快速发展，团购已成为时下人们热衷的一种新的购物方式，酒店团购也随之悄然兴起。

一、网络团购的认知

团购（Group Purchase）就是团体购物，指认识或不认识的消费者联合起来，加大与商家的谈判能力，以求得最优价格的一种购物方式。根据薄利多销的原理，商家可以给出低于零售价格的团购折扣和单独购买得不到的优质服务。

团购作为一种新兴的电子商务模式，通过消费者自行组团、专业团购网站、商家组织团购等形式，提升用户与商家的议价能力，并极大程度地获得商品让利，引起消费者及业内厂商甚至是资本市场关注。

二、酒店团购的特征

酒店团购具有图10-1所示的特征。

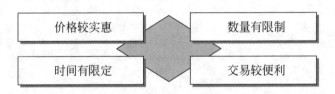

图10-1　酒店团购的特征

1.价格较实惠

比如，在北京，398元可以购买北京国际饭店（五星）一份原价2990元的商务层标准间客房，而当地五星级饭店的平均房价在800元以上；显然，团购网站标示的酒店产品价格十分诱人，有些团购产品折扣甚至低于1折。如此低廉的价格，为团购酒店招徕了成百上千的消费者，也为酒店赚得了更多的利润。

2.时间有限定

只要登录酒店团购网站，就会发现团购产品都有限定的购买和使用时间，通常购买时间为2～20天，消费时间为1～2个月。然而，随着团购市场的激烈竞争，很多团购网站甚至推出了秒杀活动，而其秒杀价格有时会远远低于团购价。

3.数量有限制

许多酒店会限定团购产品的最低团购人数，以确保达到薄利多销的效果。倘若购买团购产品人数达不到最低人数标准，那么此次组团交易行动失效。

4.交易较便利

网络团购酒店产品是一股新的潮流和时尚，只需要几分钟的时间就可以完成交易。简便的交易流程，使消费者足不出户就能购买酒店产品，不仅打破了传统的交易模式，还大大缩短了交易时间，受到当今社会的白领阶层、大学生、年轻人群的青睐。

三、酒店团购的优势

团购酒店与传统在线酒店预订方式相比，主要优势如图10-2所示。

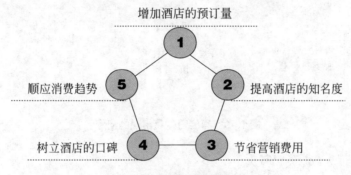

图10-2　酒店团购的优势

1.增加酒店的预订量

网络团购利用网络的大量用户，采用低价折扣的方式，吸引了更多客源，增加了酒店的客房预订量，带来一定的收入。

2.提高酒店的知名度

酒店在各网站发布团购消息时，是做一次免费的广告，尤其是在一些知名度高的团购网站，大量的点击率也会提升酒店的知名度。

3.节省营销费用

如果网络团购做得好，会节省大量的营销费用，比如广告费等。

4.树立酒店的口碑

使用网络团购的人乐于根据自己的体验评价在酒店所接受的服务，并喜欢在各社交网站分享自己的体验，也善于在自己的交际圈内传播经验。所以做好网络团购，会让酒店增加更多的潜在的客源，让酒店得到更好地传播，树立一定的口碑。

5.顺应消费趋势

当下旅游变成一种热门活动时，伴随着出现的各种网络团购活动也变成一种时髦消费，比如出游前团购好景点门票、团购好酒店，这符合旅游者提前做计划的心理。酒店的行为需要最大化地迎合消费者的需求才能获得更长久的收益。

四、酒店团购易出现的问题

通过网络团购，消费者能够获取高额的消费折扣，酒店也能够在短时间内吸引大批消费者的关注和追捧，获得巨大的收益，是近两年比较"火"的促销方式。然而，"火热"的背后也隐藏了许多问题，具体如图10-3所示。

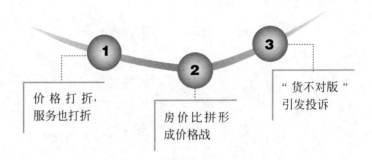

价格打折，服务也打折

房价比拼形成价格战

"货不对版"引发投诉

图10-3　酒店团购易出现的问题

1.价格打折，服务也打折

目前酒店业各种成本高起，在团购的低价压力下，有些酒店高品质的服务也因"低价"团购打了折扣。

比如，澳洲龙虾变成小龙虾，牛扒变成鸡腿，浓汤变清汤……这一切都会让酒店的服务形象和口碑受损，最终得不偿失。

2.房价比拼形成价格战

近年来，经济型酒店加入了团购的战团，房价一个比一个低。不少都以百元房来吸引眼球，而这些所谓团购，只是单纯降价，却没有运用销售策略，最后变成了新的一轮价格战，形成了恶性竞争。

3."货不对版"引发投诉

参与客房团购的酒店，不少是未评定星级的酒店。为了吸引眼球，它们通常放到团购网上的照片非常精美，但客人到酒店后，却往往发现货不对版：房间没有照片中看上去那么大，设施也比较陈旧，卫生条件也不好，从而引发客人投诉。

部分高档酒店，则被一些不法商家利用，借酒店的知名度在团购网站上虚假炒卖酒店的自助餐券、住房券。消费者购买时却往往会遭遇消费陷阱，付了钱却拿不到"货",进而投诉酒店,使酒店无端受到牵连。

酒店的客房在淡季常常会打折销售,但一些精明的消费者会发现:团购的价格或许还没有在第三方网站预订的价格"给力",并不是只要"团购",就能拿到"最低价"。

超负荷运转让酒店得不偿失。一些酒店太依赖团购促销,而没有对每天的团购数量进行控制,导致房间及餐饮常常处于爆满状态,甚至有时还会发生超额预订的情况。结果,搞卫生的员工劳动强度大增,设备设施老化损耗加速,环境卫生质量下降,客人轮候时间过长……

五、酒店团购的发展策略

对于网络团购这种促销方式,酒店经营者应避免"拿来主义",要寻求真正适合自己酒店的团购模式。具体策略如图10-4所示。

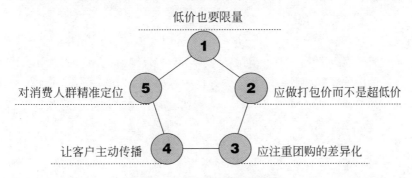

图10-4 酒店团购的发展策略

1.低价也要限量

网络团购的成功之处在于通过数量控制,来让更多的用户去传播和推广以低价所体验的高品质的产品。酒店可以把部分宣传费用,补贴到团购售价与实际售价的价差上,最终实现多赢的局面。

比如,国外著名的Groupon网,其营销模式的独特之处在于:每天只推出一款折扣产品,每人仅限购买一次,运用激励机制让用户主动传播团购信息。其有数量的限制,并且要求客人提前预约。

酒店管理方可以通过收益管理的方法,通过市场细分,对团购市场的消费者行为进行分析、预测,确定最优价格和最佳存量分配模型,实现收益最大化。事实证明,无限制的团购只会对酒店带来"灾难"。

2.应做打包价而不是超低价

在国外团购网站上,我们常常可以见到高级豪华酒店的身影,而在我国的酒店团购网站，见到最多的往往是经济型酒店。

网络团购并不能一味追求低价，这样容易造成"价低质低"。在中国，酒店业对团购这一促销方式更强调的是成本控制，而不是运用收益管理的方式和方法来促销，这显然是错误的。要知道，价格便宜并不是吸引消费者的唯一因素。

对酒店来说，团购超低价可以适用于服务单一的酒店，例如经济型酒店。而对于完全服务型的酒店而言，网络团购应该使用打包价，即通过打包让酒店闲置的资源有效地利用起来，为酒店创造更多的价值。

比如，广州九龙湖公主酒店公主小镇客房（双床/大床）一间入住一晚＋中西式自助早餐2份＋龙泉水疗馆门票2张（含养生自助餐）＋龙吧德国自酿啤酒2杯＋康体项目，市场价：2584元，而团购仅需1088元。如果纯订房，价格肯定比1088元低，但是客人可能会到酒店外面用个简单的午餐，客人留在酒店的时间也相应减少，最终酒店的各种配套设施有可能被闲置。而通过这种打包出售，看起来是让利给顾客，但却盘活了酒店的资源，让酒店得到了更多的收益。

3.应注重团购的差异化

不少酒店服务产品单一，甚至雷同。虽然加入了团购的战团，却常常不容易被顾客记住。而如果团购网站上同类型的酒店太多，则容易混淆客人对酒店的选择，因此，酒店团购需要独辟蹊径，去寻找不容易被模仿的团购模式。

比如，可与酒店附近的景点合作，团购酒店产品并赠送景点门票。事实证明，强调酒店地理位置的优越、服务设施的齐全、服务的周到，比强调价格优惠更具有吸引力。

4.让客户主动传播

部分酒店为了迅速打开市场，常常会加入多个团购网站，认为销售渠道越多越好，产品越多越好，既没有对团购网站的情况做一个分析和比较，也没有对团购产品进行筛选，有的酒店甚至会签订多个团购方案，让客人眼花缭乱。其实，网络团购真正的意义在于降低客人的消费门槛，让更多的人去进行消费体验，并通过良好的口碑传播，取得良好的宣传效应，而不是处处开花，信息满天飞，让人不知所措。

5.对消费人群精准定位

目前，高档酒店消费者更加注重消费品位，团购的低价往往与消费者的定位有冲突，导致高端消费者隐性流失。因此，酒店在设计团购产品时，应该充分考虑目标消费群体的特点，设计团购产品一定要谨慎，可根据高端消费人群的消费习惯，选择在合适的网站上投放合适的团购产品，要注意这部分人群注重的不是低价，而是高性价比，这样才能产生更大的影响力，为酒店带来更多的收入。

小提示

　　团购营销是互联网时代发展的产物，是酒店必经的一种营销手段，酒店业必须与时俱进，合理运用网络团购，发挥它的最大作用，给酒店创造最大收益，并充分利用网络团购赢得口碑，树立酒店的品牌形象。

相关链接

后团购时代，酒店业如何做好团购营销

　　团购，作为中国O2O模式初期发展的一种典型形态，通过为实体商家提供线上营销，以低价吸引用户线上预订，并到线下获得无形的服务产品，团购网迅速影响着大众的消费习惯和商家的经营模式，成为时尚人群极力追捧的消费方式。

　　然而，低门槛、同质化等带来的恶性竞争，加上不计成本的线下资源争夺和圈地，"倒闭、裁员、瘦身、转型……"团购市场在短暂的疯狂之后，过早地迎来惨烈的行业洗牌。浮华与低潮过后，团购开始沉淀和修炼。后团购时代，酒店业是否还将持续自己的团购营销？怎样更好地走好接下来的团购之路？

　　1.慎选团购合作对象

　　由于团购网在中国门槛过低，造成诚信体系问题凸显，良莠不齐的网站着实令人产生信誉上的担忧。另外，团购网站间的恶性竞争或者倒闭会严重连累酒店经营。所以酒店在选择团购网进行合作时应综合考量，要优先考虑知名度和公司规模以及成立时间，对于业务量较小的团购网站，则需慎重考虑。

　　2.团购业务比例要科学，切勿透支未来利益

　　对于酒店，尤其是新酒店来说，团购的确不失为一个方便快捷的宣传和销售渠道，能够帮助他们在短时间内扩大顾客来源。如今越来越多高端酒店加入到团购行列，但是酒店团购真的能给酒店带来盈利吗？调查显示，参加团购的酒店多数是抱着"试水赚口碑"的目的，实际来说并未有多大的收益。团购业务是否要持续而行、团购比例如何都要根据酒店自身的发展战略而行，在以大幅度的降价来获取客源的时候，切记对团购比例和价格进行合理、科学地分析策划，莫要透支未来的收益。

　　3.低价的团购能否享受"原价"的服务

　　毋庸置疑，参与团购的消费者大多都是冲着低价而去，但是，以超低的价格吸引入住率的同时，很多酒店却不能提供"原价"的服务。

首先，是时间限制，很多团购者在入住时被告知"要提前一天预约"，然而在提前预约时酒店人员又说"房间都已订满，只有少数几日可挑选"。

其次，是房间的限制，很多前来体验的酒店团购者都有着不满意的经历，"团购的房间朝向不好，问酒店是否可以调，酒店方面说团购客人只能入住指定的客房，不能自选。""团购酒店位置较差，平时客人少，感觉房间很久没有打扫过了。""我跟朋友住的一个标间，竟然只给一张房卡。"等

酒店对团购者的"区别对待"会直接将酒店团购的原始理念曲解，团购最重要的目的之一就是加强酒店的宣传，提升酒店口碑和品牌形象，如果不能保证跟原价一样的服务，那么团购的本身意义也不复存在，"打折的价位，不打折的服务"才是团购的真谛。另外，酒店可将自己特色或者最新推出的服务进行团购，比如客房最新安装了"智慧e房"，则可让客人低价享受现代化数字客房，并让其体验后进行评价和分享，若有了"智慧酒店"的称号以及客人对高质量服务的认可，那么酒店自身的档次和声誉势必会更上一层，达到意想不到的宣传效果。

4.团购仅是传统模式的补充，莫要将其"神化"

团购网站来势汹汹，酒店团购持续发力，但是，酒店团购是否能成为今后酒店经营的主要营销模式？答案是否定的。业内人士表示，酒店团购作为一种收益管理的工具，只是在淡季提升入住率的一种手段，对酒店业的主要营销模式和价格体系并不会有太大的影响，团购一般只能够选择酒店淡季进行，旺季无法提供那么多的低价客房。

第三部分
互联网思维创新
之品质化服务

导言

　　良好的、令客人满意的服务，可以在一定程度上弥补酒店硬件质量方面的不足。对酒店来说，经营是前提，管理是关键，服务是支柱。服务质量不仅是管理的综合体现，而且直接影响着经营效果。

第十一章　谨遵服务礼仪

说到底，酒店业的最大竞争还是对客户服务的竞争。酒店可以通过加强服务员礼仪培训来提升酒店服务品质，提高酒店客户满意度，了解现代客户服务理念，掌握有效客户服务技巧，增强企业核心竞争力。

一、仪容仪表

酒店员工仪容端庄、大方，着装整齐清洁、美观，可使来住店的客人见而生喜、望而生悦，心理上产生一种信任感、愉快感，有助于创造一个好的住店环境。

1.整体仪表要求

酒店员工都要求有一副整齐、清洁和悦目的仪表，使客人一进入酒店就产生好感。

（1）上班前应认真地从头到脚对各部位的外表进行检查，绝不能疏忽了任何一方面，同事间还可互相检查提醒。

（2）除包括下述提到的仪容美观，着装整洁、得体等方面的要求外，还要经常注意自己的服务技能和良好的心理素质，才能使整体仪容显得自然。

2.仪容要求

酒店员工仪容基本要求如表11-1所示。

表11-1　酒店员工仪容基本要求

序号	体现方面	要求
1	头发	（1）男士。不得留长发或蓬松的发式；不得留大鬓角；头发两侧不得遮住耳朵；后面不得盖住衣领 （2）女士。头发过领口应扎起，严禁披头散发，额前刘海不得压眉，不得让头发遮住脸 （3）不得使用刺激味大的发胶、发乳等 （4）要保持清洁，注意有无脱发落在制服上
2	胡须	不准留任何胡须，上班前必须刮净
3	手、指甲	（1）应勤洗手、剪指甲，手要保持清洁，所有指甲均不得超出指端 （2）女士不得使用有色指甲油
4	口腔	（1）早晚要刷牙以防止口臭；经常漱口，特别是饭后 （2）上班前不得食用有刺激味的食品（如：葱、蒜等） （3）上班前不得饮酒并严禁带酒味上岗

续表

序号	体现方面	要求
5	身体	要勤洗澡，防止体臭
6	化妆	女士：都必须化妆，但不得化浓妆，不得使用浓味化妆品 男士：严禁化妆

3.着装要求

酒店员工着装要求如表11-2所示。

表11-2 酒店员工着装要求

序号	体现方面	要求
1	制服/ 工作服	（1）工作时间只能穿酒店发放的制服/工作服 （2）制服要保持平整、整洁，裤线整齐，凡是有污迹、开线、缺扣子等现象要立即更换，以免给酒店的气氛、形象带来坏的影响 （3）制服外衣、衣袖、衣领处，制服衬衣领口处不得显露个人衣物；内衣下摆不得露在制服外面；除工作需要外，制服口袋里不得放其他东西 （4）在岗位上纽扣要全部扣好，穿西装制服时，不论男女，第一颗纽扣必须扣好，不得敞开外衣 （5）制服袖口、裤脚不得卷起来 （6）在规定的制服换洗日一定要换洗制服/工作服 （7）要检查洗好的工作服有无需要缝补的地方 （8）要负责任地保管好制服/工作服，要挂（叠）好后再放进更衣柜
2	衬衣	（1）只许穿酒店发放的普通式样的衬衣 （2）注意保持整洁，每天上岗前更换干净的衬衣
3	领带领结	经常检查是否系正，脏了要及时换洗
4	袜子	（1）保持清洁，每天换洗 （2）男士。穿黑色或深色看不见皮肤颜色的袜子 （3）女士。穿与肤色相同或岗位制服要求颜色的袜子；穿短裙的女士要穿长筒袜，穿长筒袜一定要贴紧，不得显出松散要掉的样子；不得穿挑丝或有洞的袜子
5	鞋	（1）只准穿酒店发放的或普通式样鞋 （2）鞋要穿好，不得像穿拖鞋一样 （3）不准穿凉鞋，不得穿有裂口、破损的鞋 （4）皮鞋上岗前要擦拭，布鞋要经常洗刷
6	名牌	（1）当班时必须佩戴名牌 （2）名牌戴在左胸部，距左腋下1厘米、横5厘米；注意戴正
7	帽子	配发有帽子的员工在工作区域出现必须将帽子戴好、戴正
8	饰物	（1）手表。表带、表链不得过松，使用昂贵的手表不得戴在显眼处 （2）戒指。只限于结婚或订婚戒指 （3）眼镜。不得戴有色眼镜 （4）工作时不得戴耳环、项链、手镯等华丽显眼的饰用品 （5）制服上不得佩戴除名牌及酒店规定以外的妆饰品

二、举止礼仪

1.站姿礼仪

站立是酒店员工的基本功。

（1）站立时，身体要端正，挺胸、收腹、眼睛平视，嘴微闭，面带微笑，双臂自然下垂或在体前交叉，右手放在左手上，以保持随时可以提供服务的姿态。

（2）肩膀要平直，不许耸肩歪脑。双手不可叉在腰间，不可放在身后，更不可抱在胸前。

（3）站立时，身体不能东倒西歪，不可坐在桌子上或椅背上。站累了双脚可暂作"稍息"状，但上体仍须保持正直。其要求是身体重心偏移到左脚或右脚上，另一条腿微向前屈，使脚部肌肉放松。

（4）女服务员站立时，双脚呈"V"字形，脚尖开度为50°左右，膝和脚后跟要靠紧，不能双脚叉开。女性站姿要有女性的特点，要表现出女性的温顺、娇巧、纤细、轻盈、娴静、典雅之姿，给人一种"静"的优美感。如图11-1所示。

（5）男服务员站立时，双脚可并拢，也可叉开，叉开时，双脚与肩同宽。身体不东倒西歪，站累时脚可以向后或向前撤半步，但上体仍需保持正直，不可把脚向前或向后伸得太多，右手放在左手上，双手放前放后都可。

图11-1　标准站姿

男性的站姿要有男性的气质，要表现出男性的刚健、自信、强壮、挺拔、英武、威风之貌，给人一种"劲"的壮美感。

相关链接

错误的站姿

对酒店服务员来说，最忌讳的站姿如下。

（1）东倒西歪。工作时东倒西歪，站没站相，坐没坐样，很不雅观。

（2）耸肩勾背。耸肩勾背或者懒洋洋地倚靠在墙上或椅子上，这些将会破坏自己和酒店的形象。

（3）双手乱放。将手插在裤袋里，随随便便，悠闲散漫，这是不允许的。双手交叉在胸前，这种姿态容易使客人有受压迫之感，倘若能将手臂放下，用两只手相握在前身，立刻就能让对方感觉轻松舒适多了。

（4）做小动作。下意识地做小动作，如摆弄打火机、香烟盒、玩弄衣带、发辫、咬手指甲等，这样不但显得拘谨，给人以缺乏自信的感觉，而且有失仪表的庄重。

2.走姿礼仪

行走时要走得大方得体、灵活，给客人以一种动态美。如图11-2所示。

（1）行走重心控制。行走时，身体的重心向前倾3°～5°，抬头，肩部放松，上身正直，收腹、挺胸，眼睛平视前方，面带微笑，手臂伸直放松，手指自然微弯，两臂自然地前后摆动，摆动幅度为35厘米左右，双臂外开不要超过30°。

行走时，重心落在双脚掌的前部，腹部和臀部要上提，同时抬腿，注意伸直膝盖，全脚掌着地，后跟离地时，要以脚尖用力蹬地，脚尖应指向前方，不要左歪或右偏，形成八字脚。

（2）步速适中。步速适中，以一分钟为单位，男服务员应走110步，女服务员应走120步。较好的步速反映出服务员积极的工作态度，是客人乐于看到的。

图11-2　标准走姿

小提示

走路时，脚步要轻且稳，切忌摇头晃肩，上体左右摇摆，腰和臀部居后。行走时尽可能保持直线前进。遇有急事，可加快步伐，但不可慌张奔跑。

（3）步幅。步幅对酒店员工来说一般不要求过大。男服务员的步幅在40厘米左右为宜，女服务员的步幅在35厘米左右为宜。

（4）挺胸。挺胸时，绝不是把胸部硬挺起来，而是从腰部开始，通过脊骨到颈骨尽量上伸。这样就自然会显出一个平坦的腹部和比较美满的胸部。

（5）并肩或多人行走。两人并肩行走时，不要用手搭肩；多人一起行走时，不要横着一排，也不要有意无意地排成队形。

（6）靠右侧行。酒店员工在酒店行走，一般靠右侧。与客人同走时，应让客先行；遇通道比较狭窄有客人从对面走来时，应主动停下来靠在边上，让客人通过，但切不可把背对着客人。

（7）超越客人时。遇有急事或手提重物需超越行走在前的客人时，应彬彬有礼地征得客人同意，并表示歉意。

（8）步伐要灵活。走路步伐灵活，"眼观六路"（并不指东张西望）。要注意停让转侧，勿发生碰撞，做到收发自如。

（9）保持好心情。走路姿势与心情有关。心理学家认为，低垂着头，双肩晃动和驼背，会表示此人精神不振，消极自卑。故此要培养自己对事业和对生活充满信心和乐趣，这样你走起路来，也会精神百倍而富有活力。

3.坐姿礼仪

坐要以坐得文雅自如为上，其要求是：坐得端庄、稳重、自然、亲切。

（1）坐姿要求

① 入座时，略轻而缓，但不失朝气，走到座位前面转身，右脚后退半步，左脚跟上，然后轻稳地坐下。

② 女子入座时，穿裙子的要用手把裙子向前拢一下。坐下后上身正直，头正目平，嘴巴微闭，面带微笑，腰背稍靠椅背。两手交放在两腿上，有扶手时可双手轻搭于扶手或一搭一放。两脚自然，小腿与地面基本垂直，两脚自然平落地面。两膝间的距离，男子以松开一拳为宜，女子则不分开为好。

③ 坐时要根据凳面的高低及有无扶手与靠背，注意两手、两腿、两脚的正确摆法。另外还有些坐姿也是可以的，如"S"形坐姿：上体与腿同时转向一侧，面向对方，形成一个优美的"S"形坐姿，这种坐法适于侧面交谈；"脚恋式"坐姿：两腿膝部交叉，一脚内收与前腿膝下交叉，两腿一前一后着地，双手稍微交叉于腿上。如图11-3所示。

无论哪一种坐姿，都要自然放松，面带微笑。但切忌下列几种坐姿：二郎腿坐姿，搁腿坐姿，分腿坐姿，"O"形腿坐姿。

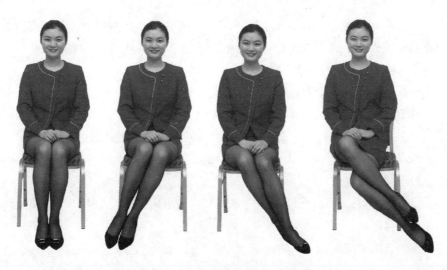

图11-3　标准坐姿

（2）注意事项

① 不要坐满椅子。可就坐的服务员，无论坐在椅子或沙发上，最好不要坐满，只坐满椅子的一半或三分之二，注意不要坐在椅子边上，在餐桌上，注意膝盖不要顶着桌子，更不要双脚高于桌面。站立的时候，右脚先向后收半步，然后站起，向前走一步，再转身走出房间。

② 切忌两膝盖分得太开。男子坐下可膝盖分开，女子坐下则双膝并拢。但无论男女，无论何种坐姿，都切忌两膝盖分得太开，两脚呈八字形，这一点对女性尤为不雅。女性可以采取小腿交叉的坐姿，但不可向前直伸。切忌将小腿架到另一条大腿上，或将一条腿搁在椅子上，这是很粗俗的。

③ 切忌脚尖朝天。最好不要随意跷二郎腿，因为东南亚一些国家忌讳坐着跷二郎腿。即使跷二郎腿，也不可跷得太高，脚尖朝天。跷脚坐时，脚尖朝天，在泰国会被认为是有意将别人踩在脚下，认为是盛气凌人，是一种侮辱性举止。

④ 不可抖脚。坐时，腿部不可上下抖动，左右摇晃。在社交过程中，腿部动作经常不自觉地露出人的潜在意识，如小幅度地抖动腿部，频繁地交换架腿的姿势，用脚尖或脚跟拍打地面，脚踝紧紧交叠等动作，都是人紧张不安、焦躁、不耐烦情绪的反映。

⑤ 双手自然放好。双手可相交搁在大腿上，自然放在大腿上，或轻搭在沙发扶手上，但手心应向下。手不要随心所欲到处乱摸。有的人有边说话边挠痒的习惯，有的人喜欢将裤腿抻到膝盖以上，这些动作要绝对避免。

4.蹲姿礼仪

（1）基本蹲姿。日常工作中，当我们要俯身捡起掉落在地上的东西时，就要采取蹲姿。但如果蹲无"蹲相",随便弯腰,臀部后撅,上身前倾,袒胸露背,显得既不雅观,也不礼貌。与站姿、坐姿和走姿一样,蹲姿也有礼仪的要求。

基本的蹲姿要求如下。

① 下蹲拾物时,应自然、得体、大方,不遮遮掩掩的。

② 下蹲时,两腿合力支撑身体,避免滑倒。

③ 下蹲时,应使头、胸、膝关节在一个角度上,使蹲姿优美。

④ 女士无论采用哪种蹲姿,都要将腿靠紧,臀部向下。

(2)不同的蹲姿方式

① 高低式蹲姿。男性在选用这一方式时往往更为方便,女士也可选用这种蹲姿。如图11-4所示。

这种蹲姿的要求是:下蹲时,双腿不并排在一起,而是左脚在前,右脚稍后。左脚应完全着地,小腿基本上垂直于地面;右脚则应脚掌着地,脚跟提起。此刻右膝须低于左膝,右膝内侧可靠于左小腿的内侧,形成左膝高、右膝低的姿态。臀部向下,基本上用右腿支撑身体。女性应靠紧双腿,男性则可以适度分开。

② 交叉式蹲姿。交叉式蹲姿通常适用于女性,尤其是穿短裙的人员,它的特点是造型优美典雅。其特征是蹲下后以腿交叉在一起。如图11-5所示。

图11-4　高低式蹲姿　　　　图11-5　交叉式蹲姿

这种蹲姿的要求是:下蹲时,右脚在前,左脚在后,右小腿垂直于地面,全脚着地右腿在上,左腿在下,二者交叉重叠;左膝由后下方伸向右侧,左脚跟抬起,并且脚掌着地;两脚前后靠近,合力支撑身体;上身略向前倾,臀部朝下。

小提示

下蹲时无论采取哪种蹲姿，都应掌握好身体的重心，避免在客人面前滑倒的尴尬局面出现。

三、表情礼仪

表情是人体语言中最为丰富的部分，是内心情绪的反映。人们通过喜、怒、哀、乐等表情来表达内心的感情。在人际沟通方面，表情起着重要的作用。优雅的表情，可以给人留下深刻的第一印象。表情是优雅风度的重要组成部分，构成表情的主要因素：一是目光；二是笑容。

1.目光

目光是面部表情的核心。在人际交往时，目光是一种真实的、含蓄的语言。"眼睛是心灵之窗"，从一个人的目光中，可以看到他的整个内心世界。一个良好的交际形象，目光应是坦然、亲切、友善、有神的。在与人交谈时，目光应当注视着对方，才能表现出诚恳与尊重。与人交往时，冷漠的、呆滞的、疲倦的、轻视的、左顾右盼的眼光都是不礼貌的。切不可盯人太久或反复上下打量，更不可以对人挤眉弄眼或用白眼、斜眼看人。

（1）注视的部位。与人交谈时，目光应该注视着对方。注视范围应上至对方额头，下至衬衣的第二粒纽扣以上，左右以两肩为准的方框中。一般有图11-6所示的三种方式。

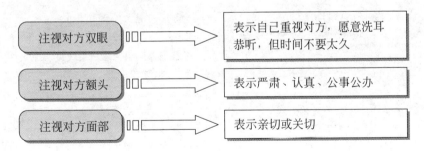

图11-6　注视的方式

小提示

随意打量对方任意部位，表示轻视或怀疑对方。当对方沉默无语时，最好移开你的目光，以免紧张尴尬。

（2）注视的角度。注视别人时，目光的角度可表示与交往对象的亲疏远近。

① 平视或正视，常用在普通场合与身份、地位平等的人进行交往时。

② 侧视，即位于交往对象的一侧，面向并平视着对方，关键在于面向对方，若为斜视对方，即为失礼之举。

③ 仰视，主动居于低处，抬眼向上注视对方，以表示尊重、敬畏对方。

④ 俯视，向下注视他人，可表示对晚辈宽容、怜爱，也可表示对他人轻慢、歧视。

（3）注视的时间。注视时间应控制在整个谈话时间的1/3 ～ 2/3之间。目光注视时间太少，表示冷落、轻视或反感；时间过久地注视对方，特别对异性和初识者上下打量，是不礼貌的。

2.笑容

笑有微笑、大笑、冷笑、嘲笑等许多种，不同的笑表达了不同的感情。微笑是指不露牙齿、嘴角的两端略微提起的表情。发自内心的微笑是最美好的，人们的交往应是从微笑开始的。微笑是对人的尊重、理解和友善。与人交往时面带微笑，可以使人感到亲切、热情和尊重，使自己富于魅力，同时也就容易得到别人的理解、尊重和友谊。

微笑的力量是相当巨大的，有人把微笑比作全世界通用的"货币"，因为它易被世界上所有的人类所接受。微笑的美在于文雅、适度、亲切自然、符合礼仪规范。微笑要诚恳和发自内心，做到"诚于中而形于外"，切不可故作笑颜，假意奉承。

一般来说，微笑礼仪应做到"微笑三结合"，具体如图11-7所示。

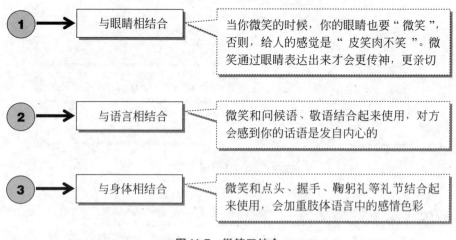

图11-7　微笑三结合

四、手势礼仪

手势是最有表现力的一种"体态语言"，它是酒店员工向客人做介绍、谈话、引路、指示方向等常用的一种形体语言。要求正规、得体、适度、手掌向上。常用的手势有以下几种。

1."横摆式"手势

"横摆式"手势常表示"请进"。即五指伸直并拢，然后以肘关节为轴，手从腹前抬起向右摆动至身体右前方，不要将手臂摆至体侧或身后。同时，脚站成右丁字步，左手下垂，目视来宾，面带微笑。如图11-8所示。

一般情况下要站在来宾的右侧，并将身体转向来宾。当来宾将要走近时，向前上一小步，不要站在来宾的正前方，要与来宾保持适度的距离。上步后，向来宾施礼、问候，然后向后撤步，先撤左脚再撤右脚，将右脚跟靠于左脚心内侧，站成右丁字步。

2."直臂式"手势

"直臂式"手势常表示"请往前走"。即五指伸直并拢，屈肘由腹前抬起，手臂的高度与肩同高，肘关节伸直，再向要行进的方向伸出前臂。如图11-9所示。

图11-8 "横摆式"手势

图11-9 "直臂式"手势

在指引方向时，身体要侧向来宾，眼睛要兼顾所指方向和来宾，直到来宾表示已清楚了方向，再把手臂放下，向后退一步，施礼并说"请您走好"等礼貌用语。

3."曲臂式"手势

"曲臂式"手势常表示"里边请"。当左手拿着物品，或推扶房门、电梯门，而又需引领来宾时，即以右手五指伸直并拢，从身体的侧前方，由下向上抬起，上臂抬至离开身体45°的高度，然后以肘关节为轴，手臂由体侧向体前左侧摆动成曲臂状，请来宾进去。如图11-10所示。

4. "斜摆式"手势

"斜摆式"手势常表示"请坐"。当请来宾入座时，即要用双手扶椅背将椅子拉出，然后一只手屈臂由前抬起，再以肘关节为轴，前臂由上向下摆动，使手臂向下成一斜线，表示请来宾入座，当来宾在座位前站好，要用双手将椅子前移放到合适的位置，请来宾坐下。如图11-11所示。

图11-10 "曲臂式"手势　　　　　图11-11 "斜摆式"手势

小提示

在任何情况下，不要用食指指着自己或用食指指点他人，用食指指点他人的手势是不礼貌的行为，食指只能指东西物品。谈到自己时应用手掌轻按自己的左胸，这样会显得端庄、大方、可信。

五、礼貌服务用语

酒店员工用礼貌语言接待客人、介绍饭菜、解答询问，不仅有助于提高服务质量，而且有助于扩大语言的交际功能。所以必须讲究礼貌用语，做到态度从容、言辞委婉、语气柔和。

1. 服务中礼貌用语的基本要求

酒店员工要达到语言美，必须注意从以下几个方面做起。

（1）说话要有尊称，声调要平稳。凡对住店客人说话，都应用"您"等尊称，言词上要加"请"字，如"您请坐""请等一下"。对客人的要求无法满足，应加"对不起"等抱歉话。说话声调要平稳、和蔼，这样使人感到热情。

（2）说话要文雅、简练、明确。文雅就是彬彬有礼；简练就是要简洁、明了，一句话能说清楚，不用两句话；明确是要交代清楚，使人能一听就懂。

（3）说话要委婉、热情，不要生硬、冰冷。尤其是解释话，态度更要热情。

（4）讲究语言艺术，说话力求语意完整，合乎语法。有时，酒店员工本出于好意，但因为讲话意思不完整、不合乎语法，反而会使客人误解，如服务员看到客人的米饭吃完了，想给客人添点饭便问："您还要饭吗？"这样的话就容易引起反感。如果稍加修改，说："我再给您添点米饭吧"，客人听了会觉得舒服。

（5）与客人讲话要注意举止表情。酒店员工的良好修养，不仅寓于优美的语言之中，而且寓于举止和神态中，如客人到酒店用餐，服务员虽然说了声"您好！请坐"，可是脸上不带微笑，而且漫不经心，这样就会引起客人的不满。

2.常用礼貌用语

酒店服务工作中常用的礼貌用语，归纳起来，主要有如表11-3所示几种。

表11-3 常用礼貌用语

类别	举例说明
礼貌用语	"欢迎！"或"欢迎您！""您早！" "谢谢！"或"谢谢您！" "明白了！"或"清楚了！" "请您稍候！"或"请您等一下！" "让您久等了！"或"让您等了！" "对不起！"或"实在对不起！" "抱歉！"或"实在抱歉！" "再见！"或"欢迎您再次光临！"
称呼用语	对男客人可称"先生"，最好称为"××先生" 对未婚女客人可称"小姐" 如不知道客人是已婚还是未婚，可称"女士"，或宁称"小姐"，切勿称为"夫人" 对有学位的可称"博士先生"或"××博士" 对有军衔的可称"××先生"，如"上校先生" 对已婚的客人可称"夫人"，也可称"太太"，切勿称"老太太"或"老大娘"
问候用语	见到客人时要主动问候："您好！""早安！""晚安！"或"多日未见您，身体好吗？"切忌问人家"到什么地方去了""吃过饭没有" 见客人过生日应说："祝您生日快乐！" 圣诞节那天见到客人时应说："祝您圣诞快乐！"

续表

类别	举例说明
问候用语	第一次见到文艺团体客人时应说："祝你们演出成功！" 第一次见到体育代表团时应说："祝你们在比赛中获胜！" 第一次见到新婚旅游的客人应说："祝你们新婚愉快，白头到老！" 见到客人生病时应说："请多加保重，祝您早日康复！" 如天气发生变化，见到客人时，应提醒客人："请多加些衣服，当心感冒！"或"请带好雨具！" 见客人离店时应说："欢迎您再来，谢谢您了！"或"再见！"
间接称谓语	"一位男客人""一位女客人" "您的先生""您的太太"
征询语	"我能为您做些什么？" "我没听清您的话，您再说一遍好吗？" "如果您不介意，我可以……吗？" "您还有别的事吗？"
婉转推托语	"对不起，我不能离开，我用电话为您联系一下可以吗？" "承您好意，但是……"

3.使用礼貌用语的注意事项

服务人员与客人讲话时，具体要注意以下几点。

（1）注意面向客人，笑容可掬，眼光停留在客人眼鼻三角区，不要左顾右盼，心不在焉。

（2）要垂手恭立，距离适当（一般以1米左右为宜），不要倚靠他物。

（3）举止要温文尔雅，态度要和蔼，能用语言讲清的，尽量不加手势。

（4）要进退有序，事毕要先后退一步，然后再转身离开，以示对客人的尊重，不要扭头就走。

（5）服务员讲话时要吐字清楚，声音悦耳，这样不但有助于表达，而且可以给人以亲切感。

六、基本服务礼节

1.称呼礼

称呼礼是指日常服务中和客人打交道时所用的称谓。

入住的客人来自不同国家和地区。由于各个国家、各个民族语言不同，风俗习惯各异，因而在人与人之间的称呼上也有很大的差别，若称呼错了、职务不对、姓名不对，不但会使客人不高兴，引起反感，甚至还会闹出笑话和产生误会。

（1）一般习惯称呼。在国际交往中，无论是外国人，还是华侨，或是中国台湾、香港、澳门同胞等，一般对男子称"先生"，对已婚女子称"夫人"，未婚女子统称"小姐"，对不了解婚姻情况的女子可称"小姐"，对戴结婚戒指和年纪稍大的可称"夫人"，也可称"太太"。

（2）按职位称呼。知道学位、军衔、职位时，要在"先生""小姐"前冠以职衔，如"博士先生""议员先生""上校先生"等。

2.应答礼

应答礼是指同客人交谈时的礼节。

（1）解答客人问题时必须起立，站立姿势要好，背不能倚靠他物。讲话语气要温和耐心，双目注视对方，集中精神倾听，以示尊重客人。对客人的问话或托办事项没听清楚时要同客人说："先生，对不起，请再讲一遍好吗？"或者"对不起，先生，我再把您的留言重复一遍好吗？"这样就可以避免在服务工作中出现差错。

（2）员工在为客人处理服务上的问题时，语气要婉转，如果客人提出的要求及某些问题超越了自己的权限，就应及时请示上级及有关部门，不可说一些否定语，如："不成""不可以""不知道""没有办法"等。

3.迎送礼

迎送礼是指服务员迎送客人时的礼节。

（1）客人来到酒店，接待人员要主动向客人打招呼问好，笑脸相迎。在为客人服务的过程中，应按先主后宾，先女宾后男宾的顺序进行服务。对老弱病残客人，要主动搀扶。

（2）当重要外宾和友好团体来店或离店时，要组织管理人员、服务员在大门口排队迎送。迎送人员的服装要整洁，姿势要端正，鼓掌要热烈，使客人有一种亲切感。

4.操作礼

操作礼是服务人员在日常工作中的礼节。具体举例如下。

（1）服务人员在日常工作中要着装整洁，注意仪表，举止大方，态度和蔼。

（2）工作期间不准大声喧哗，不准开玩笑，不准哼小曲，保持工作地点或客房的安静环境。

（3）进客人房间时，要敲门。敲门时，要注意既不能猛敲，也不能相隔很长时间再敲门，要有节奏地轻敲。轻敲一下后如没有人回答，稍隔片刻再缓敲两次，待客人同意后再轻轻开门进入。

（4）服务人员在打扫房间时，要既轻又快，搞完卫生后不可在房间停留。搞卫生时不能随意翻阅客人的书刊、信件等，更不可随意动用客人的物品。

5.鞠躬礼

行鞠躬礼时必须先摘下帽子，用右手（如右手持物，可用左手）抓住帽子前檐中央；如戴高级小礼帽时，应拿帽顶中央前部，将帽取下，手垂下后，用立正姿势，两目注视受礼者，身体上部前倾约15°，而后恢复原来姿势，脱帽时所用的手和敬礼的方向相反，例如：向左边的人行礼，则用右手脱帽；向右边人行礼，则用左手脱帽。行礼时要微带笑容，如果与对方谈话，不可戴帽子。

6.举手注目礼

举手注目礼是军人的礼节。行此礼时，应举右手，手指伸直并齐，中指及食指于帽沿的右侧，手掌微向外方，右上臂与肩齐高，身体呈立正姿势，两目向受礼者注视。待受礼者答礼后，方可礼毕将手放下。对于长官或长者，每次相遇，都应照常敬礼，并且做到即使长官或长者未见敬礼人时，也照常敬礼，待长官或长者过去后再礼毕。目前有的酒店在接待贵宾时，酒店保安人员在工作岗位也使用举手注目礼。

7.致意礼

点头、致意是同级或平辈之间的礼节。在公共场合或在路上行走遇到相识的朋友、同事，在不便打招呼的情况下，一般点头致意即可。距离较远可举起右手打招呼。西方的男子多戴礼帽，见面时还可以施脱帽礼，两人相遇后还可以脱帽点头致意，离别时再戴上帽子。有时用手将帽子掀开一下即可，与相识者在同一场合多次见面时，不必再次问好、握手，只需点头、微笑致意即可。

8.日常工作礼仪

（1）通过走廊时要放轻脚步，无论在自己部门，还是在其他部门，在通道的走廊里不能一边走一边大声说话，更不得唱歌或吹口哨等。

（2）在通道、走廊里遇到上司或顾客（病人）要礼让，不能抢行。

图11-12 引导客人乘坐电梯礼仪

9.出入房间的礼仪

（1）进入房间前，要轻轻敲门，听到应答再进。进入后，随手关门，不能大力粗暴。

（2）进入房间后，如对方正在说话，要稍等静候，不要中途插话，如有急事要打断说话，也要瞅准机会，而且要说："对不起，打断您的谈话"。

10.乘坐电梯的礼仪

（1）先按电梯，让客人先进。若客人不止一人时，可先进电梯，一手按"开"，一手按住电梯侧门，对客人礼貌地说："请进！"如图11-12所示。

（2）进入电梯后，按下客人要去的楼层数。侧身面对客人。如无旁人，可略做寒暄。如有他人，应主动询问去几楼，并帮忙按下。

（3）到目的地后，一手按"开"，一手做请出的动作，说："到了，您先请！"客人走出电梯后，自己立即步出电梯，在前面引导方向。

11. 接打电话的礼仪

（1）接打电话的基本要求。酒店员工，尤其是订房员、前台接待员、电话总机话务员，需要面对不能谋面的客人，解决各类诸如预订、投诉、疑难等问题，通过声音也同样需要表达出礼貌与尊敬。每一位酒店员工应该在接听电话时注意如图11-13所示几点。

要简短
接听电话（打电话），语言要简练、清楚、明了，不要拖泥带水，浪费客人时间，引起对方反感

要礼貌
对方拨错电话时，要耐心地告诉对方" 对不起，您拨错电话号码了"，千万不要得理不让人，使客人造成不愉快。自己拨错了电话号码，一定要先道歉，然后再挂断重拨

要负责
在接听电话中要尽量不失礼节地设法辨明对方身份、姓名、公司名称和电话号码。如对方实在不愿透露姓名和有关资料，也不要失礼或怪罪对方

要直白
接听或打电话时，无论对方是熟人还是陌生人，尽量少开玩笑或使用幽默语言，因双方在电话中既无表情又无手势的配合，玩笑或幽默语言往往容易造成事与愿违的效果

要文明
接听电话要注意礼貌，由于酒店本身是为客人服务的，其服务宗旨是为了使客人满意，因此不能要求客人如何说话，而只能强调自己如何服务

图11-13　接打电话的基本要求

（2）接打电话的注意事项。在电话接听过程中要特别注意避免出现表11-4所示的各种不礼貌现象。

表11-4　接打电话的注意事项

序号	不得出现的现象	具体说明
1	有气无力，不负责任	接电话的人在接听中无精打采、有气无力，对客人的电话或对方的问话不负责任，经常给对方造成失望或疲倦的感觉。比如："我也不知道他在不在"，或"他刚才还在，现在不在"，问："到哪去了？"答"不清楚"，问："我等一会再打来吧？"答："随便"
2	优柔寡断，拖泥带水	接听电话时，回答对方的问题不清不楚，似是而非，犹犹豫豫，毫无把握，如"噢，好像是听说过，现在也说不清了"，"你再打一次电话也行，不打也行"
3	傲慢	接电话的人盛气凌人，似乎别人欠了他什么似的，比如："他正忙着呢，现在没空"，"不知道"，"不在"，"我已经说过了，明天再打来吧"。这种接电话的态度最容易激怒对方，并且很难使对方在短时间内消除心中的不愉快
4	无礼	客人无礼，接听电话的人也无礼，以牙还牙，以血还血。比如："你不报姓名，我是不会给你转接的"，"有什么事，就说嘛"等
5	不耐烦或出口伤人	态度粗鲁、语言生硬，令人恼火，如："声音大一点，说什么？我听不见"，"下班了，明天再打"，"你是否耳朵有问题？我跟你说了不知道，你还问什么呢？"尤其是连续接到几个打错的电话后，更容易出口伤人。但有时下一个电话也许恰恰是一个工作电话，则会造成不良后果
6	独断专横	不注意用心听完对方的讲话内容，不断地随意打断别人的叙述，不注意正确地理解对方，不管正确与否，一切由自己说了算，自己的话说完了，没等对方讲完就挂线
7	急躁	在接听电话时，不等对方说完，自己抢话说，而且一口气说得太多、太快，犹如机关枪扫射，不注意控制自己的感情和嗓音，使对方感到接电话的人在发火、在训人，造成误会，产生不良后果

（3）接打电话的程序。接打电话的程序如表11-5所示。

表11-5　接打电话的程序

序号	操作项目	具体流程
1	接听电话	（1）一般电话铃响不超过3声，应拿起电话 （2）致以简单问候，语气柔和亲切 （3）自报单位（部门）名称或个人姓名（外线电话报酒店名称，内线电话报部门或岗位名称） （4）认真倾听对方的电话事由。如需传呼他人，应请对方稍候，然后轻轻放下电话，去传呼他人。如是对方通知或询问某事，应按对方要求1、2、3……逐条记下，并复述或回答对方 （5）记下或问清对方通知或留言的事由、时间、地点、号码和姓名 （6）对对方打来电话表示感谢 （7）等对方放下电话后，自己再轻轻放下
2	打出电话	（1）预先将电话内容整理好（以免临时记忆浪费时间难免遗漏） （2）向对方拨出电话后，致以简单问候 （3）做自我介绍 （4）使用敬语，说明要找通话人的姓名或委托对方传呼要找的人 （5）确定对方为要找的人致以简单的问候 （6）按事先准备的1、2、3……逐条简述电话内容 （7）确认对方是否明白或是否记录清楚 （8）致谢语、再见语 （9）等对方放下电话后，自己再轻轻放下

第十二章　端正服务态度

服务态度是反映酒店服务质量的基础，优质的酒店服务是从优良的服务员服务态度开始的。客人到酒店接受服务，他所接触的服务人员的态度在很大程度上会影响着他对整个酒店服务的印象，并成为他评价酒店服务质量的重要因素。

一、员工与客人的关系

酒店员工与客人之间，由于各自在社会与经济中的角色特征，存在着丰富的多元关系，这些关系也从不同的角度阐释了酒店对客人应当承担的责任。

1.选择与被选择关系

现代酒店市场竞争非常激烈，对于客人来说，选择机会非常多。客人选择酒店都不是盲目随意的，而是有着自己的选择标准。如酒店的地理位置适宜与否，酒店员工的服务态度如何，酒店所提供的服务有无特别之处等。

2.客人与主人关系

相对于客人来说，酒店就是主人，但酒店这个概念是非常抽象的，酒店的建筑物不可能被视为主人。酒店经营者、管理者虽然是酒店的法人代表、实际的投资者和最高的决策者，但在酒店服务中，他们一般并不直接出面，而只是负责一些重大事件的决策和处理工作。因此，在实际工作中客人便会把在酒店为他们提供服务的员工视为酒店的主人。

3.服务与被服务关系

客人到酒店所要购买的是酒店的服务，他不仅为得到这一服务对酒店进行了成本补偿，而且还为酒店利润的获得奠定了基础。酒店作为对客人的回报的唯一途径就是为客人提供优质的服务。客人购买酒店的服务就是为了在酒店获得需求的满足，并且这种满足是高要求的。客人需要的是高素质、专业化、规范化的服务，而这种服务是通过酒店员工提供的，一般无需客人自己动手。这种服务是人与人的接触，客人在得到服务时要得到精神上的舒畅满足，通过服务感到自己是酒店最为重要、最受欢迎的客人。

4.朋友关系

客人入住酒店的过程中，酒店与客人双方通过相互间的理解与合作，经过一段时间的相处，很容易在彼此之间留下深刻的印象，容易结下友谊。客人不仅是酒店的消费者，也是酒店的朋友，酒店的新、老朋友多了，酒店的经营就有了非常坚实的基础。

二、服务客人的方程式

在酒店服务中，有几个简单的方程式能够帮助员工理解自己所处地位和对待客人态度的重要性。酒店员工应当认识到自己在酒店所扮演的角色，而不能简单地把自己当作一个普通的员工。

1.每个员工的良好形象＝酒店整体良好形象，即 $1 = 100$

这一方程式所表示的是，酒店的任何一个员工都是酒店形象的代表，酒店员工对待客人的一言一行都代表着酒店的管理水平、酒店员工的整体素质、酒店的整体服务水平。

2.酒店整体良好形象－一个员工的恶劣表现，即 $100-1 = 0$

这一方程式的含义是酒店的服务形象是由一个个员工共同来决定的，即使其他员工表现出色，但只要其中任何一个员工表现恶劣都会使酒店形象受到严重的损害。

3.客人满意＝各个服务员工表现的乘积

在这一方程式中，酒店员工表现出色，服务优质，其得分为100，表现恶劣，态度极差，得分则为零。酒店的形象并不是每个员工的表现简单相加的结果，而是一个乘积。

三、对待客人的意识

1.客人就是上帝

客人就是上帝的含义是客人在酒店中享有至高无上的地位。时代在变，"上帝"的需求也在不断变化，"上帝"对酒店的左右力量也变得越来越强大。酒店只有在对"上帝"进行深入调查研究的基础上，深深把握客人的需求规律，并辅之以独到的营销策略，才能吸引"上帝"，得到让"上帝"满意的机会。

2.客人永远是对的

在酒店服务中强调"客人永远是对的"，强调的是当客人对酒店的服务方式、服务内容发生误会或对酒店员工服务提出意见时，酒店员工首先站在客人的立场上看问题，从理解客人、尽量让客人满意的角度来解决问题。另外，强调客人总是对的，主要是指酒店员工处理问题的态度要委婉，富有艺术性。即使错误确实是在客人一方，或客人确实是对酒店员工的服务发生了误会时，酒店员工也应当通过巧妙的处理，使客人的自尊心得到维护，特别是有其他客人在场时则更要如此，不能让其他客人觉得某一位客人判断力有误或是非不明。当然，如果客人出现严重越轨或违法行为，那又另当别论。

 **相关链接**

酒店服务的"四到位"

酒店服务质量的好坏，不仅影响客人旅途情绪，而且事关酒店声誉和效益。服务质量如何，关键在于服务能否到位，能否化"有形"为"无形"，让客人在不知不觉中接受到优质的服务。服务到位涉及酒店服务的方方面面，同时也是多种因素的综合体。

1.态度到位

客人到酒店接受服务，他所接触的服务人员的态度在很大程度上会影响着他对整个酒店服务的印象，并成为他评价酒店服务质量的重要因素。

（1）态度到位要求所有直接面对客人服务的人员，包括门童、行李员、前台接待人员、客房和餐饮服务人员等，服务时都必须重视客人、尊重客人，充分了解客人的心态和需求，想客人所想，帮客人所需。

（2）态度到位还强调服务时态度要诚恳，是一种自然心态的流露，同时其他员工在酒店内也不能漠视客人。

（3）当然讲到态度，不能不提到微笑，因为微笑是表现态度的一种重要的外在形式。现在我们很多酒店都在强调微笑服务，但实际上不少酒店员工服务中的微笑只是一种职业化的微笑，给客人的感觉是应付的多，发自内心的少，缺乏情感和亲和力。

（4）另外，态度到位也要求酒店服务用语要文明、礼貌，基本的要求是"请"字开头，"谢"字结尾。

2.技能到位

服务到位仅有态度还不够，还必须有技能技巧做保证，比如对外宾服务，就要求酒店员工有较高的外语水平。

技能技巧体现于酒店服务的各个方面和各个环节，不同岗位既有共性的要求，如沟通能力、协调能力、投诉处理能力、语言表达能力、预见能力、记客人的能力等；也有个性的要求，如餐厅服务员的点菜能力、分菜能力、对食品营养的解释能力，客房服务员排除客房设备简单故障的能力、分析客人爱好的能力，前台服务员识别客人类型和察言观色的能力，保安人员的案情分析能力，商务服务人员的计算机技能等。有了这些能力，服务人员在服务时才能较好地满足客人对酒店所期望的基本要求和某些特殊的要求，从而使服务到位在实际工作当中得到有效落实。

3.效率到位

效率到位很大程度体现于服务人员对服务节奏的把握上。随着人们生活节奏的加快，现在酒店服务都在强调速度快、高效率，以减少客人等待时间，提高客人满意度。

但服务节奏快慢也要根据客人的实际要求来进行调整，比如有一位客人在某酒店餐厅就餐时就对上菜太快深感不满，原因是那天他与久违的老朋友见面，希望餐厅慢点上菜，以便他有足够的时间和老朋友交谈、畅饮，但酒店却做不到，不到20分钟，菜全上齐。因此，尽管该酒店餐饮服务效率很高，但却是服务不到位的表现。同样，如果两位情人正在默默对视时，即使他们酒杯里的酒所剩无几，服务员也要过会儿才能上去为他们服务，这就是一种对服务节奏的准确把握。

4.细节到位

高质量的酒店服务都非常关注细节，细节到位往往能给客人留下深刻的印象，为客人口口相传打下较好的基础。

比如宴会上，服务员了解到客人中有位糖尿病患者，就主动地为他送上一碗无糖的芋头汤；确定客人中有人过生日时，就通知有关管理人员送来一个生日蛋糕，带上温馨的祝福；有客人肠胃不舒服时，服务员马上把一碗清淡的面条送至房间等，这些都是细节到位的表现。

但现在不少酒店在服务过程中对细节有所忽略，例如，当客人还在房间休息或办一些事情时，总是有服务员来敲门问房间是否需要打扫和整理，这给客人的感觉就不是很好，到位的服务就要求酒店应当尽量避免这种情况的出现。

第十三章　注重服务细节

酒店属于典型的劳动密集型行业，酒店管理可以说是由大量细节组成的，细节构成了服务质量的基础。如果认识不到细节管理的重要性，在酒店经营上不仅会丢了"西瓜"，恐怕连"芝麻"也捡不到。

一、亲切迎接客人

客人通过长途旅行后抵达酒店，会显得又累又没耐心，因此，他们需要接待人员提供亲切、快速有效的入住服务。

对酒店来说，客人与酒店人员面对面的第一次接触就是在客人抵达时。为了给客人良好的第一印象，接待人员必须具有良好的社交技巧。必须非常了解酒店内的住宿产品，对入住程序、处理客人的问题很熟练。除此之外，接待人员必须保持愉悦、真诚、热诚的态度，随时准备帮助客人，而服装仪容的整齐清洁、良好的沟通能力也是必需的。

下面是与客人接触时应当注意的社交技巧。

（1）保持与客人眼神的接触。眼神的接触是很重要的，代表尊重与注意。眼神不要涣散或不集中。但很多亚洲国家，尤其是日本人，对于正面的眼神接触并不认为是有礼貌的。

（2）与客人对话时，要保持微笑。这代表一个温暖与正面的态度。

（3）身体站直，不要倚着柜台或懒洋洋的样子。站姿非常重要，站直代表尊重与注意。倚在柜台上或懒洋洋的代表接待人员没有精神，透露出不愿被打扰的意思。

（4）口齿清晰，语调愉悦。这样客人较易理解接待人员表达的意思，且客人会对接待人员留下深刻的印象。

（5）保持服装仪容整洁，要注意个人服装与卫生。接待人员除了代表自身的荣誉外，还代表着酒店形象。

二、记客人的名字

一位常住的加拿大客人从酒店外面回来，当他走到服务台时，还没等他开口，前厅服务员就主动微笑地把钥匙递上，并轻声称呼他的名字，这位加拿大客人大为吃惊，由于酒店对他留有印象，使他产生一种强烈的亲切感，真正有宾至如归的感觉。

　　还有一位客人在服务台高峰时进店，前厅服务员突然准确地叫出："刘先生，服务台有您一个电话。"这位客人又惊又喜，感到自己受到了重视，受到了特殊的待遇，不禁增添了一分自豪感。

　　另外，有一位外国客人第一次前往住店，前厅接待员从登记卡上看到客人的名字，迅速称呼他表示欢迎，客人先是一惊，而后作客他乡的陌生感顿时消失，显得非常高兴。简单的词汇迅速缩短了彼此间的距离。

　　一位VIP（贵宾）和陪同人员来到前厅登记，服务人员通过接机人员的暗示，得知他的身份，马上称呼客人的名字，并递上打印好的登记卡请他签字，使客人感到自己受到重视，感到格外的开心。

　　学者马斯洛的需要层次理论认为，人们高层次的需求是得到社会的尊重。当自己的名字为他人所知晓就是对这种需求的一种很好的满足。

　　在酒店服务工作中，主动热情地称呼客人的名字是一种服务的艺术，也是一种艺术的服务。酒店服务人员尽力记住客人的房号、姓名和特征，借助敏锐的观察力和良好的记忆力，做出细心周到的服务，使客人留下深刻的印象，在不同的场合会提起该酒店如何如何，相当于做了酒店的义务宣传员。

　　国内许多著名的酒店规定：在为客人办理入住登记时至少要称呼客人名字三次。前厅服务人员要熟记VIP客人的名字，尽可能多地了解他们的资料，在到达酒店时能清晰准确地叫出他们的名字，是作为一名合格服务员最基本的条件。

🔍 小提示

　　酒店可为所有住宿的客人建立历史档案记录，为客人提供超水准、高档次的优质服务，把每一位客人都看成是VIP，使客人真切感受到酒店热情周到的服务。

三、DND房作业有技巧

　　"DND"英文全拼为"DO NOT DISTURB"，意思为"请勿打扰"。通常情况，"请勿打扰"的房间，楼层服务员不能按正常程序清扫房间，防止打扰客人。房间DND灯长期开启的原因有多种，通常是客人按了DND灯后，遗忘了取消，客房中心致电客人后，客人还是会要求清扫的，有时不及时清理，客人甚至会投诉酒店。

1.DND房间的服务程序

　　DND房间的服务程序如下。

　　（1）楼层服务员在清洁房间时，见房门挂有"请勿打扰"牌或亮有"请勿打扰"灯时，在工作单上做好记录，暂不进行房间清洁。

（2）楼层服务员在14:30时再次关注该房，如已取消"请勿打扰"牌，按正常清扫房间程序进行清洁。

（3）如该房在14:30还有"请勿打扰"提示，应告知领班，由领班告知客房中心，客房中心可电话征求客人清扫房间时间。

（4）客房中心在征求客人意见后告知领班，领班根据客人需要清扫房间时间进行安排，如在17:00后领班做好相应记录，服务员也做好记录对下一班进行交接，客房中心做好记录对下一班次进行交接。

（5）该房如不接听电话，客房中心告知领班，由领班、服务员按进房程序进入房内，服务员可进房按清扫房间程序进行清洁。

早晨八点，班组例会结束后，客房服务员开始了一天的工作。他们从工作间推出了工作车，准备开始清扫客房卫生。

一名服务员看到608房间的门把手上挂着"请勿打扰"的牌子，就没有清扫，先去清扫其他的房间。608房间住的是一位日本女客人。

到了下午，服务员看到608房间的客人从房间走出来，关上门，向电梯走去，就推着工作车来到房间门口准备清扫。可是一看门把手上还挂着"请勿打扰"的牌子。怎么回事呢？明明是眼看着客人出去的。服务员心想：可能是客人出去时忘记了把"请勿打扰"牌摘下来。因为平时客人出去忘记摘牌的情况时常发生，客人回来一看房间的卫生还没搞，就问为什么没有打扫卫生，服务员还得马上去打扫。这回估计也是客人忘记把牌子摘下来了。反正也是自己的活儿，服务员敲了敲门，确认房间内没有客人，就用工作钥匙把门打开搞起了卫生。

过了一会儿，客人从外面回来，看到自己的房间被清扫过了，马上找到楼层领班发起了火儿。客人说："我的房间有人进来过，为什么？"领班说："对，是服务员进去为您清扫房间卫生。"客人手里拿着"请勿打扰"牌，举到领班面前："我不管服务员进来干什么，我先问你，这是什么？这是干什么用的？"领班说："对不起，服务员可能以为是您出去时忘记把牌子摘下来了。"客人说："你说的'以为'不是理由，我在房间门外挂上牌子的目的就是不让别人进去，是因为我的衣服和用品都摆在床上没有收拾起来，我私人的用品哪能让你们动呢。我的房间你们想进就进，客人在你们面前都没有隐私了，如果是这样，住在你们这里连安全都保证不了。"领班不断地向客人道歉，客人才渐渐平下气来。

上述案例中，服务员没有按照工作标准操作。客房的"请勿打扰"牌有两种作用，一是客人在房间，不希望服务员打扰；二是客人不在房间而不希望服务员进入。而案例中服务员的做法，正像客人所说的那样：客人在服务员面前都没有隐私了，连安全都保证不了。

2. 客房中心拨打 DND 房间电话的技巧

客房中心拨打 DND 房间电话需要非常讲究技巧，不是打一个电话就判断客人不在房间或出事了。因为有时候打的时机不巧，客人正好在洗澡，洗澡时没听见，没接到第一个电话，或是客人只是忘了取消 DND 指示灯，贸然进入客房，会引起客人的不满。通常进入 DND 房间前，客房中心应打三次电话，每次都要有一定的时间间隔。这样做的好处是，可以基本判断两种情况：其一，客房里没有人；其二，客房里的人可能出事了。楼层管理人员代表酒店上去查房也理直气壮，因为是为客人的安全考虑。客人要质问时可以说之前打过几次电话，在无人接听的情况下，来查看是否有情况，客人都会理解的。

3. 做夜床的注意事项

做夜床时如客人挂出"请勿打扰"牌，客房服务员需加以记录，于下班前（连同送回客衣）交晚班领班处理。

晚班领班每小时须去巡视一次，如牌取回，则敲门入内送客衣并做夜床；如一直挂着"请勿打扰"牌，交接时请夜班领班特别注意该房间状况，并保持每小时巡视一遍，夜班领班下班时再交班给早班继续注意。

四、客人有过失时要维护其自尊

有一天，某客人离开酒店时，把房间内的一块浴巾带走了，服务员发现后报告大堂副理小 A。小 A 在大堂收银处找到这位客人，很自然地把他带到旁边一处不显眼的地方，并婉转地说："×先生，服务员在做房时发现您房间少了一条浴巾。"客人面色有些紧张，但为了维护面子，矢口否认拿走了浴巾。小 A 不予点破，给他一个台阶："请您回忆一下，是否有您的亲朋好友来过，顺便带走了。"（潜台词：如果您不好意思当众交出浴巾，可以找个借口，把浴巾买下）客人说："我住店期间根本就没有亲朋好友来拜访。"言下之意，他不愿花 50 元买这东西。小 A 又给客人一个台阶："您回忆一下，是否把浴巾拿出浴室，用完后放在什么地方？"（弦外之音："您可以顺着这个意思回一下住房，拿出浴巾随便放什么地方，说是浴巾没有少"）可是客人还是没有理解。小 A 干脆就给他一个明确的暗示："以前我们也曾发现过一些客人说是浴巾不见了，但他们后来回忆起来是放在床上给毯子遮住了。您是否能上去看看，会不会也发生类似情况呢？"这下客人领会了，马上就提着提箱上楼。一会儿他下来了，见了小 A，便故做生气状："你们服务员太不仔细了，浴巾明明在沙发后面嘛！"看来客人已经把浴巾拿出来了。小 A 很高兴，但很真诚地说了一句："欢迎您下次来，还住我们酒店。"同时热情地和他握手道别。整个过程结束了，双方皆大欢喜。

对于有过失的客人，要小心地维护他们的自尊心，绝不能"战胜"他们。在上述案例中，小A给客人一个个台阶下，保住了客人的脸面，维护了酒店的利益，同时体现了委婉的说话艺术。在酒店服务中，服务员只有经过刻意追求和磨炼，才能把委婉言语表达到位。

五、以客人的视线来清洁客房

客人入住酒店，在客房内逗留时间占整个酒店逗留时间的80%以上。为了让客人住得舒心，客房必须是舒适、清洁、安全和卫生的。

"站在客人的立场考虑问题"，这是所有服务工作的总则。它要求服务员能设身处地去想去做，有时也可以把自己设定为客人。对于清洁卧室和卫生间镜子的要求，就是要把镜子擦得非常光亮，没有一点污迹。可是那么大的镜子要擦得完美无缺是非常困难的，最大的盲点就出现在视线的差异上。服务员总是习惯从正面擦，一直擦到最后，尽管眼睛睁得像铜铃，眼珠的位置仍然停留在镜子的正面。

实际上，客人从侧面看镜子的机会很多，比如，客人开门进房，很容易看见的是卫生间门口的大衣镜和写字台前化妆镜的侧面。客人在卫生间坐在马桶上，放松地环视卫生间的四周，在这样的情况下，镜子上哪怕是小小的灰尘都很容易进入客人的视线里。因为，从侧面看到的灰尘比想象中的要显眼得多。

同样，浴缸边沿高处的墙壁、天花板和浴帘靠浴缸的一面都是清扫的盲点。因为在做浴缸卫生时，服务员会集中精力注意浴缸内不要留下污垢、毛发等。可实际上，客人在淋浴时，可以不费劲地看到天花板、墙壁和浴帘。

> **小提示**
>
> 客房清扫必须在短时间内高效率地完成，每做一间客房都须从客人的角度来观察是不太现实的，这就需要领班在查房时特别注意。领班查房不是沿着服务员的清扫路线重新摸一遍灰尘，而是注意一些细节的问题。

服务员在做卫生时不仅需要站着、蹲着，更需要跪在地板上。跪下来做卫生是为了确认针头线脑儿、玻璃碎片或头发等不容易发现的细小灰尘有没有藏在地毯中。若是站着，从上往下看，就不会看得这么真切，不跪下来，不用自己的手摸一摸不会弄明白的。而且，做完卫生站起来的时候，自己的裤腿几乎无灰尘才算是真本领。

总之对酒店来说，客房是酒店最重要的商品，服务员清洁房间不仅是打扫卫生，而且是制作新的商品。因而不能光靠操作程序来规范服务工作，更要以客人的视线，站在客人的角度来清洁客房，追求人性化的服务。因为客人追求服务质量的标准是无止境的。

六、整理房间不要乱动客人东西

8月6日晚服务员在清理518房间时，把所有的垃圾都收走了，晚22:02分王先生回房间后反映，他花费了好长时间才收藏的一个可口可乐瓶子被服务员当垃圾收走了，引起王先生的极度不满，事后酒店向客人道了歉，主管去垃圾站找回收藏品，并和总值班经理一同送到客人房间，再次向客人赔礼道歉，并做了升值服务，以消除顾客不满。

在对客人服务中不仅要讲究房间打扫干净，给客人创造一个整洁、干净的住宿环境，还要给客人以享受，这就包括心理上的享受，除了整理好房间之外，还要给客人营造一种家的感觉，这要靠服务员的用心，在工作过程中要注意客人的一切，包括喜好、习惯，比如说可乐瓶子，服务员都知道518房间里多日来放着许多可乐瓶子，种类还不一样，在工作时就应该多注意一下这方面，为什么会出现这种情况，若早就注意到这个特殊信息的话，就可以知道客人的爱好并多加注意，更不会去扔掉客人辛辛苦苦攒的东西了。所以服务员在日常工作中还要注意留心客人的一切信息，掌握客人的信息，再加上好的服务理念，并配以及时、快速的行动，就可以很好地为客人提供个性化服务。

同时，服务员在清理房间过程中，一定要谨慎，对于客人的东西不能乱动，该清理的要清理掉，遇到自己拿不准的应该及时请示主管或经理，不可擅作主张，以免引起客人不必要的误会和不快，同时也会使酒店工作处于被动。

七、客人迁出的查房要悄悄进行

西南某酒店。一位三十来岁的客人彭先生提着旅行包从607房间匆匆走出，走到楼层中间拐弯处服务台前，将房间钥匙放到服务台上，对值班服务员说："小姐，这把钥匙交给您，我这就下楼去前台结账。"却不料服务员小杨不冷不热地告诉他："先生，请您稍等，等查完您的房后再走。"一面即拨电话召唤同伴。彭先生顿时很尴尬，心里很不高兴，只得无可奈何地说："那就请便吧。"这时，另一位服务员小罗从工作间出来，走到彭先生跟前，将他上下打量一番，又扫视一下那只旅行包，彭先生觉得受到了侮辱，气得脸色都变了，大声嚷道："你们太不尊重人了！"小罗也不搭理，拿了钥匙，径直往607号房间走去。她打开房门，走进去不紧不慢地搜点：从床上用品到立柜内的衣架，从衣箱里的食品到盥洗室的毛巾，一一清查，还打开电视柜的电视机开关看看屏幕。然后，她离房回到服务台前，对彭先生说："先生，您现在可以走了。"彭先生早就等得不耐烦了，听到了她放行的"关照"，更觉恼火，待要发作或投诉，又想到要去赶火车，只得作罢，带着一肚子怨气离开酒店。

服务员在客人离店前检查客房的设备、用品是否受损或遭窃，以保护酒店的财产安全，这本来是无可非议的，也是服务员应尽的责职。然而，本例中服务员小杨、小罗的处理方法是错误的。在任何情况下都不能对客人说"不"，这是酒店服务员对待客人的一项基本准则。客人要离房去前台结账，这完全是正常的行为，服务员无权也没有理由限制客人算账，阻拦客人离去。随便阻拦客人，对客人投以不信任的目光，这是对客人的不礼貌，甚至是一种侮辱。正确的做法应该如下。

（1）楼层值台服务员应收下客人钥匙，让他下楼结账，并立即打电话通知前台，××号房间客人马上就要来结账。前厅服务员则应心领神会，与客人结账时有意稍稍拖延时间，或与客人多聊几句，如："先生，这几天下榻酒店感觉如何？欢迎您提出批评。""欢迎您下次光临！"或查电脑资料放慢节奏，如与旁边同事交谈几句，似乎在打听有关情况；或有电话主动接听、侃侃而谈等。

（2）客房服务员也应积极配合，提高工作效率，迅速清点客房设备、用品，重点检查易携带、供消费的用品，如浴巾、冰箱内的饮料、食品等，随即将结果告诉楼层服务台，值班服务员则应立即打电话转告楼下前台。

（3）前厅服务员得到楼上服务台"平安无事"的信息，即可与客人了结离店手续。

八、尽量避免延迟账的情况出现

客人有时使用服务或设备的费用没有及时入账，例如：餐饮中心的餐饮费的账单可能在客人结账后才转到收银员。如果发生这种情况时，酒店很难向客人收取这类的款项。

为了减少这类费用带来的损失，收银员在结算客人账单时就应该要了解是否有这类的费用要加入账单中。收银员可先询问客人是否有饮用冰箱内的饮料、是否有客房服务、是否有餐点费用等。

酒店意外停电，一位客人来退房，前台收银员小张帮这位客人退房，核对夜审打印的客人余额表给客人进行手工结账，因客人余额表是夜审在夜间过账后打印的，该客人的部分电话（一般在晚上24:00后）计费无法统计。客人因为要赶飞机，很急。但考虑到要尽可能挽回酒店的损失，小张礼貌地向客人解释并请客人自诉估计打了多少个电话，通话时间多久。经客人自诉和通知总机核对，很快办理了退房手续，也没有耽误飞机时间……这事件客人是没有丝毫错的，如果等待恢复用电再给客人退房，客人除了等待、抱怨，再就是投诉并耽误赶飞机时间。下次，酒店有可能失去该位客人。

小张这一做法，一方面考虑到电话费用的问题，为酒店减少了损失；另一方面也为客人争取了时间。

但要发现这种来不及入账的费用并不容易，除了带给已经结账的客人不方便之外，也会额外增加收银员的工作。在很多酒店都因为不及时入账的费用而减少收益，尤其是冰箱里面被客人消费的饮料费用。为了避免这些情况在客人离店后发生，在客人离店前，准确地了解其离店时间及与其他各部门进行联系核实就非常重要。

九、创造美好的最后印象

客人在入住时酒店服务人员必须给客人第一个好印象，相对地，在离开时也必须留下一个完美的印象给客人。因为如果前厅服务员在服务中不够亲切和真诚，会让客人感受到没被尊重或不受欢迎，如果客人有这样的感觉时，就不会再次入住这家酒店。下面就是如何留给客人最后一个好印象的方法。

（1）必须正确快速地处理账单，错误的账单会延迟客人退房时间，这样会导致客人觉得前厅效率低。

（2）前厅收银员必须经过严格的收银技巧训练，有纯熟的社交技巧，对退房程序非常熟悉，这样才能快速地帮助客人退房。收银员对工作要娴熟、快速且稳重，不要手忙脚乱，否则会让客人误以为不受欢迎。

（3）有时客人对他们账单里面的费用产生质疑或者提出抱怨，收银员必须心平气和地替客人解答，使客人满意。客人如果抱怨，收银员应该要耐心倾听；如果客人希望能减少账单内的金额时，收银员应婉转拒绝；如果情况比较严重，或已超出自己的权限范围，则请前厅经理给予协助。

某酒店前台。收银员小杨正在给1806房间的客人办理离店手续。

闲聊中，那位客人旁顾左右，将下手指上的一枚戒指，偷偷塞到小杨手里低声道："我下星期还要来长住一个时期，请多多关照。"

收银员小杨略一愣，旋即，镇定自若地捏着戒指翻来覆去地玩赏一会儿，然后笑着对客人说道："先生，这枚戒指式样很新颖，好漂亮啊，谢谢您让我见识了这么个好东西，不过您可要藏好，丢了很难找到。"

随着轻轻的说话声，戒指自然而然地回到了客人手中。

客人显得略有尴尬。

小杨顺势转了话题："欢迎您光顾本酒店，先生如有什么需要我帮忙，请尽管吩咐，您下次来本酒店，就是本店的常客，理应享受优惠，不必客气。"

客人正好下了台阶，忙不迭说："谢谢啦，谢谢啦。"

客人转身上电梯回房。

第十四章　实现智能服务

随着科技的发展、节能环保形势的严峻、客人的消费舒适度概念的提升、酒店管理意识的提高，酒店智能化已经成为日益热门的话题。酒店应不断提高自身的智能化水平，以便给客人科技及人性化的体验。

一、自助入住机的使用

酒店业的竞争十分激烈，酒店想要走得更远，就要让客人入住舒适，享受到更好的服务，而酒店自助入住机就能让入住更舒适。如图14-1所示。

图14-1　客人正在办理自助入住手续

1.自助入住机的特点
酒店自助入住机是一种无人值守、操作简单、查询方便快捷的人机交互设备，具有服务完整性、可视性、系统化和可维护性，是酒店自动化处理业务的有效保证。

2.自助入住机的优势
自助入住机，使酒店入住智能化，客人通过显示屏上的功能模块提示进行操作，便可轻松地办理入住和退房等业务，无需像以往一样在服务区排队等待，除节省了客人的时间外，更是大大提高了服务的水平和效率。酒店使用自助入住机，具有图14-2所示的优势。

对酒店来说

酒店自助入住设备无需人员留守，完全可以代替工作人员为客人提供服务，这减少了酒店的运营成本。集发卡、充值、读卡、打印、支付等功能于一体，让酒店自助入住机成为了众多酒店青睐的对象

对客人来说

站在客人的角度，排队等待办理开房，无疑会影响入住的体验。酒店自助入住机就可以为客人提供更多的选择，自助入住为客人带来便捷的同时也给了客人更多的私人空间，在自助入住机上办理可以在线选择房型，进行快速入住，客人入住更舒适

图14-2　自助入住机的优势

3.自助入住机的功能

目前，市面上已出现不同公司研发的多款自助入住机，其外形稍有差异，但功能大抵相同，一般都具有图14-3所示的功能。

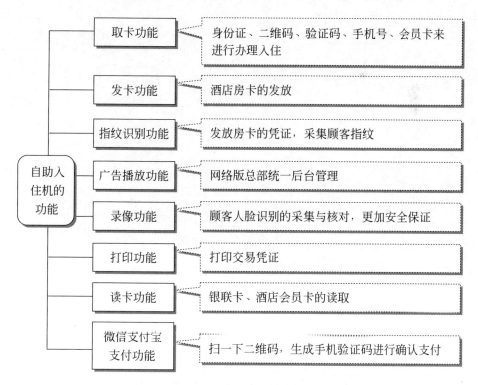

自助入住机的功能		
	取卡功能	身份证、二维码、验证码、手机号、会员卡来进行办理入住
	发卡功能	酒店房卡的发放
	指纹识别功能	发放房卡的凭证，采集顾客指纹
	广告播放功能	网络版总部统一后台管理
	录像功能	顾客人脸识别的采集与核对，更加安全保证
	打印功能	打印交易凭证
	读卡功能	银联卡、酒店会员卡的读取
	微信支付宝支付功能	扫一下二维码，生成手机验证码进行确认支付

图14-3　自助入住机的功能

4.自助入住业务流程

客人办理自助入住时，需自己刷身份证、确认订单、添加入住人、支付、取房卡、取入住单。具体流程如图14-4所示。

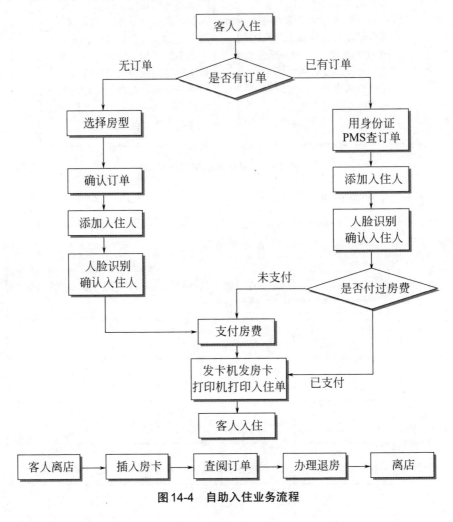

图14-4 自助入住业务流程

二、人脸识别技术的应用

出于酒店公共安全方面的考虑，国内住宿接待场所无论大小都需要对旅客进行实名身份核验。然而，现实情况下，大多数酒店在办理旅客入住手续时，仅仅是要求旅客出示身份证件，通过肉眼粗略辨别，根本无法保证持证人身份的准确性。不过，随着人脸识别技术逐渐成熟，目前已有部分酒店开启了刷脸模式，借助人脸识别技术，提升酒店实名认证的效率及其准确性。如图14-5所示。

图14-5 酒店人脸识别

1.人脸识别助力酒店安全管理

近年来，由于部分酒店在旅客身份核验环节的不严谨，致使冒用他人证件或者持假身份证件登记的事件频频发生，此类事件不仅对酒店其他客人的人身财产构成了潜在威胁，且在安全事件发生后，也给公安办案制造了追查障碍。

而酒店人脸识别系统，要求旅客必须实名实人实证，人证一致方可入住。用户在进行实名认证时，需在设备终端放置本人身份证件，系统摄像头将实时捕捉用户现场人脸图像，并将其传送至后台与用户身份证件上的照片比对。若使用非本人身份证件，系统则会出现相应的预警提示，协助酒店人员在第一时间发现安全隐患。

2.人脸识别优化旅客入住体验

除了提升安全等级，酒店人脸识别系统的另一大功能自然是优化旅客入住体验。当前台工作人员进行肉眼比对时，目光不可避免地需要在旅客脸上停留一段时间，难免令人产生抵触心理。而人脸识别的非接触性、非强制性就显得整个验证流程更加自然，且系统验证的速度明显高于人工验证，整个登记流程行云流水，提升旅客入住体验的同时，又能提高酒店前台人员的工作效率。

在提供刷脸入住服务的酒店，客人仅仅需要完成扫描身份证件、上传面部照片和验证电话号码三个步骤，即可拿到房卡顺利入住，整个过程甚至不需要一分钟。

相比较传统人工办理所需要的前台交证件、交押金、签单据等繁琐程序，"刷脸"的自助入住显而易见会更加便捷。

🔍 小提示

人脸识别认证合一识别系统开启了酒店安全新时代，引领了验证新变革，为酒店安全把好第一道关卡。

三、智能机器人服务

一直以来酒店行业都存在着基层员工培训成本高，员工流动性大的问题。随着人工智能技术的发展，最先被应用到酒店行业中的就是一系列的机器人，可以代替人工为客户办理入住、接待、送餐等基本酒店服务。全国已经有部分酒店在引入机器人服务，但还没能达到全面普及的状态。

比如，苏州洲际酒店、徐州皇冠假日酒店、舟山威斯汀度假酒店、舟山喜来登绿城酒店、海口希尔顿酒店等选择就出奇地一致，他们都引入了同一款人工智能服务机器人，通过人工智能服务机器人为客人带来了不一样的体验，成功地吸引到了客人的目光。在OTA的酒店评价中，引入机器人的酒店其评论的活跃性和评论分值都有很大的提高。如图14-6所示。

图14-6 客人评价截图

1.采用智能机器人服务的好处

从酒店的长远利益来说，采用智能商用服务机器人可谓一举四得，具体如图14-7所示。

好处一 ▶ 帮助提高员工的满意度。人和机器人协作，能提高人的服务效率，减轻工作负担，将人从一些简单、重复、费时的工作中释放出来，做一些更有价值的事情

好处二 ▶ 帮助提高用户满意度，提升客人对于酒店的忠诚度。全新的体验，带给客人不一样的心理感受，机器人送物保护了客户的隐私，为酒店带来了独特的记忆点，加深客户对酒店的印象

好处三 ▶ 帮助节约人力成本。中国人口红利逐渐消失，人力成本不断身高，智能服务机器人能节约配送及物料成本，7×24 小时不间断工作更是人无法比拟的，而且机器不用交五险一金，成本进一步降低

好处四 ▶ 帮助提升品牌美誉度。各大引入了机器人的酒店的OTA评价就是实例

图14-7　采用智能机器人服务的好处

人工智能改变了传统的住宿体验及体验方式。从长远来看，其效率与体验度将愈加提高，客人在这种充满乐趣的互动中，获得了高科技带来的炫酷体验。同时，人工智能的助力，也将大大提高酒店运营的效率，并且和传统的互动方式相比，酒店能快速、准确、全面地了解用户的需求、喜好等大数据，并由此制定自己的产品与服务策略，提供更加个性化的服务。

2.智能机器人的功能

随着科技的不断发展，越来越多的智能机器人不断涌现。机器人的作用就是对客服务。目前，机器人还无法胜任太复杂的工作，但登记入住、退房、在吧台递送饮料、结账收银或看门这样简单的工作，机器人是绝对可以完成的。如图14-8所示。

图14-8　××酒店的智能机器人

酒店机器人为客房服务可以实现图14-9所示的功能。

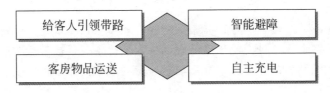

功能一	酒店宣传推广，播放预制的酒店宣传资料
功能二	可以和客人互动聊天，播放网络歌曲，讲故事、听新闻、听百科、叫早服务、日程提醒等；具有强大的学习功能等
功能三	为客人递送所需物品
功能四	配合员工进行mini吧的补给

图14-9　客房机器人的功能

酒店机器人可以在楼层实现图14-10所示的功能。

给客人引领带路	智能避障
客房物品运送	自主充电

图14-10　楼层机器人的功能

相关链接

机器人服务彰显魅力

　　如今，机器人已成为人工智能的代言人。希尔顿在2016年和IBMWatson合作测试了机器人前台；喜达屋旗下的Aloft品牌已开始用机器人Botlr为客房递东西；洲际旗下的皇冠假日酒店也有类似功能的机器人。海航酒店集团旗下有7家酒店开始使用智能机器人开展服务；而且这位智能机器人的服务更加全面，它可以为客人房间运送物品，如浴巾、吹风机、儿童用品、客房用餐等。机器人可以和客人简单聊天，日常问好，讨论天气，引领有需要的客人前往公共区域卫生间、会议室、健身房等场所。此外，机器人还能顺路插播一下酒店的各种活动和促销。人工智能将通过最精准的运算能力和平台优势，帮助酒店实现精准决策、精准服务、精准营销、精准管理，将成为传统收益管理的核心技术支撑或者重新谱写收益管理的方法论。

　　酒店行业人员流失率高，培训成本也高，人工智能在酒店行业应用是必然趋势。中国目前有200多家酒店在使用机器人服务，已经超越世界上任何一个国家的应用数量。随着服务型机器人和人工智能技术的不断突破与应用，酒店行业作为服务业劳动力较密集的代表领域，将成为服务型机器人进军的重点行业。现阶段服务型机器人进入酒店主要是为酒店增添亮点，为客人带来新鲜的体验感。

服务型机器人目前能够应用在酒店领域的主要包括迎宾引导机器人、自助入住机器人、客房情感机器人、自主运送物品机器人、安防巡更机器人、商品售卖机器人、自助行李存取机器人、餐厅服务机器人等十余个工作岗位的机器人。每款机器人都有着独特的工作技能来胜任不同的工作岗位需求。

在线旅游企业也在推进人工智能与酒店业的结合。2017年8月，携程宣布，其客服机器人能在平均一秒到两秒时间内回复消费者提出来的关于酒店预订等方面的"入门问题"，已累计服务超过1亿人次。人工客服也从重复性咨询等解放出来，进而能够为消费者提供更加高质量的服务。

四、AR技术的应用

增强现实（Augmented Reality，简称AR），是一种实时地计算摄影机影像的位置及角度并加上相应图像的技术。它可以实现酒店内楼与楼之间的导航，并能够直接通过手机屏幕显示面前的道路和实景。在酒店AR画面中，导航指示箭头直接出现在实际的道路上，所以用户即使看不懂电子地图，也能找到正确的目的地。

五、秒开酒店IPTV互动电视系统的应用

秒开酒店IPTV互动电视系统是一款非常智能的电视系统，这款系统不但具备传统电视系统的点播、直播等功能，还取缔了传统电视的模拟电视接入方式，在系统构建方面无需使用调制解调器，因此非常的方便快捷。

此外，这款设备还可以将酒店的一些促销信息和餐饮信息呈现给房间的客户，并和房间客户进行沟通，并有呼叫服务的功能，非常方便高效。

第十五章　提供增值服务

同质化竞争如此厉害的今天，如果与其他酒店提供的服务和产品一模一样，毫无新意，怎么能获得客人认可呢？更别提为酒店在外面讲好话，为酒店带来更多客户了。因此，"增值服务"成了酒店突破同质化竞争的必然道路。

一、提供增值服务的原则

酒店的增值服务是以优良的设施设备、舒适的消费环境和优良服务产品为依托，在使用价值方面以满足客人的物质和心理需求为目标，以提供客人规范化服务为前提条件，是在酒店服务过程程序化、服务行为规范化、服务管理制度化、服务结果标准化的基础上给客人创造的一种意料之外的惊喜和体验。因此，酒店应把握增值服务要适度的原则。具体如图15-1所示。

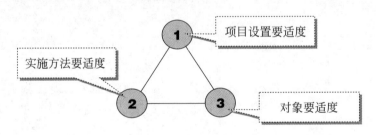

图15-1　提供增值服务的原则

1.项目设置要适度

酒店是社会经济的一部分，酒店要满足客人需求，提升客人满意度，在实施增值服务时就不能违反社会精神文明，提供一些赌博、色情、伤风败俗的服务项目，否则就会影响酒店声誉，增值服务也就失去了方向。

2.实施方法要适度

增值服务项目必然要与酒店等级规格相适应，而且要做到数量合理，以满足客人的多层面需求为目标，但不能为了少数客人的偶尔冲动盲目过多地浪费，更不能以破坏生态环境为代价。

3.对象要适度

增值服务的目的是提升客人满意度，酒店提供的增值服务可以是其他酒店所没有的，也可以是超出客人意料之外的，或是与众不同的服务，但酒店提供的服务不能有失客人的身份或者违背客人意愿，而应凸显和提升客人的身份和地位。因此，针对不同客人应提供不同的增值服务项目，使增值服务更具有针对性，更能提升客人满意度。

相关链接

酒店常见的增值服务项目

（1）酒店提供免费WiFi，现在外出住酒店的，没有几个人敢说自己能百分之百脱离手机了，如此一来，流量告急的时候，WiFi就成了必需品。

（2）分清VIP客户的接待

① 给予入住套房或豪华间的客人提供水果或其他增值服务。

② 给予夜间入住的客人增设开夜床服务。

③ 客人入住时也可以在不影响客人的前提下为客人烧壶热开水，沏杯茶。

④ 夏天或冬天客人入住前五分钟为客人打开冷热空调。

⑤ 接到协议单位的订房，要提前准备好房卡，并询问订房人，入住人是否是VIP，是否需要摆放鲜花或水果，这些费用可以让订房人另外支付。如果客人自带，帮忙清洗好或切好，尽可能不提供刀具给客人。要把握好准备水果的时间，防止水果变色或腐烂。如果有特别重要的客户入住，还可以随同订房人一起在酒店大门口迎接，安排专用电梯，直至送入客房。

（3）政府行为的公务人员也可以按第二条标准接待。但要注意保卫工作。

（4）明星或名人下榻宾馆，在征得经纪人同意的情况可以提前制作欢迎条幅或×架，尽量征得合影机会，造了势也可以为酒店提高知名度和其他推广。

（5）酒店大门口有电子屏的也可以利用起来，为欢迎客人造势。

（6）下雨天为客人打伞送至车上或接到酒店，客人在店时醉酒，搀扶客人，提供热毛巾或温开水、醒酒茶等。

（7）特殊客人群体要特殊照顾，老弱病残孕一般都会有家人或专人陪伴，我们积极协助陪伴人即可，比如帮忙按电梯等。

（8）当客人租用酒店客房作为婚房时，需对客房进行简单的房间布置，如加些喜庆的气球、玫瑰花、大红喜字，换上红色的床单、枕套，房间的灯光也可以适当更换成彩灯。

（9）生日当天的客人入住酒店时，可适当进行房费打折或赠送水果、蛋糕，让客人感觉到惊喜又感觉到酒店的用心，建议一般由店长或者经理亲自去客房送上，这样不仅拉近了与客人的距离，也让客人感受到自己受到重视，这种增值服务俨然会成为今后与客人转换成为朋友的砝码。

（10）长住房客人，也称之为月租房或包月房，这种客人是酒店最稳定的客户。对待这类客人，一方面要让客人有回家的感觉，如摆放饮水机，晾晒衣物的场所，指定的停车位。酒店如果有闲置的套房，也可以适当为客人免费升级，让客人享尽酒店优质服务和体现尊贵身份。

（11）常住房客人，也就是酒店的常客，大多数都是会员客。这些客人经常下榻酒店，酒店前台要清楚地认识客人，客人来的时候，亲切地跟客人打称呼：×先生，您来啦！也要大致了解这些常客消费的习惯，安排他喜欢的房型，有些客人喜欢住不同的房间，也有客人喜欢固定的房间，因人而异，前台要学会登记常客的个人习惯，有无早起或晚睡的习惯，有没有睡到下午才离店，不喜欢早上被房嫂敲门等习惯。有些客人不喜欢使用酒店一次性的洗漱用品，买一瓶一次又用不完，随身携带又不方便，酒店可以帮常住客人代保管其洗漱用品，就像酒吧存酒一样。

（12）如有团队入住，会务房是整个团队的根本，拿多少房或最后的买单结账都是这间房的主人。所以，能否完成一次完美的团队接待，对待会务房显得尤为重要。建议为这类房间提供免费升级，派送一份水果或赠送几张折扣抵金券（限下次入住使用）等增值服务，会务有时候没有时间吃饭，可以适当地赠送会务一个员工餐，成本不高，但是可以让会务享受到酒店的这份真心实意。

（13）OTA或前台散客入住时尽可能询问客人喜好，如房号数字有无忌讳，对朝向有无要求，虽然不能全部满足每一位客人的要求，但是你抢在客人提问前询问，占据了主动服务意识的优势，接下来也可询问是否要叫醒或叫出租车等增值服务。

二、增值服务的好处

在成本增加和利润下降的双重压力下，盲目地打价格战显然不是企业的明智之举。所以寻找新的营销策略成为企业新的发展之路。在这种情况下，酒店采用以较低的成本向客人提供大量增值服务的策略，使客人获得超值的认同价值，以此抵御来自竞争者的价格压力。与此同时，客人在享受增值服务时加强了对酒店的认同感和归属感，从而提高了品牌忠诚度，更加有利于酒店的长期生存和发展。这主要体现在图15-2所示的几个方面。

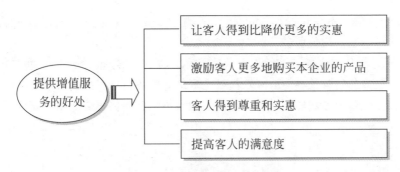

图15-2　提供增值服务的好处

1.让客人得到比降价更多的实惠

客人享受酒店提供的增值服务是免费的。与之相反，客人如果在市场购买同样的服务则需要付费。因此，客人在享受酒店提供的一次增值服务时，实际上获得了他所认同的该次服务的等同价值。由于服务的多样性、长期性和连续性，客人在单位时间内（一年、一个月或一周）可以多次享受各种类型的服务，得到一个累计价值，这个累计价值的数值完全有可能大于降价给客人节省的支出。

2.激励客人更多地购买本企业的产品

"客人增值服务"存在多样性和差异性，高端客人（消费额更高的客人或经常入住本酒店的客人）可以比低端客人享受更多的或者更高层次的增值服务项目，因而激励客人在消费同类产品时，尽可能选择入住本酒店。

3.客人得到尊重和实惠

客人享受酒店提供的增值服务，得到消费折扣、贵宾待遇或参加各种活动，不仅仅得到经济上的实惠，同时也得到了"面子"和更多的社交机会，即获得了更多的尊重和社会认可，进而对酒店产生认同感和归属感，因而强化了对于酒店的品牌忠诚度。

4.提高客人的满意度

随着我国市场经济的发展壮大，酒店之间的竞争变得越来越激烈，无差异化的服务已经不能有效地吸引客人。增值服务的选择是以更好地为客人提供服务需要为中心，以便为客人带来经济上的实惠和社会地位的满足感。这非常有利于培养客人的满意度，同时也能够吸引更多的新的客人来选择我们的服务。

三、增值服务策略

对于酒店都在提供的"延迟退房、睡前牛奶"服务，已然成了当下酒店的标配，客户对于这些赠送，基本没有感觉。如果酒店提供的增值服务是"锦上添花"，这个服务就不会获得客户的认可，要做到让客人尖叫的增值服务，就必须要做"雪中送炭"的增值服务。

比如，客人入住时，前台人员发现客人感冒了，为客人送上一杯可乐姜丝，这叫雪中送炭的增值服务；为客人提供延迟退房服务，这叫做锦上添花服务。

那么，酒店要如何做到"雪中送炭"的服务呢？具体策略如图15-3所示。

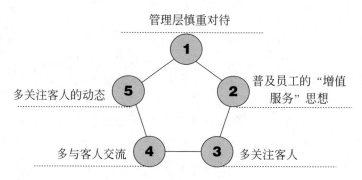

图15-3　完善增值服务的策略

1.管理层慎重对待

作为酒店管理人员，不仅要去引导前台员工为客人提供增值服务，还应将"个性化服务"或"增值服务"作为酒店长期的政策，时刻提醒基层员工，为客人提供极致周到的服务。

2.普及员工的"增值服务"思想

一是要在会议上多强调，一个月召开一次的员工大会上，总经理要强调酒店为客人提供极致周到服务的理念，前台领班或是主管，要在交班会上对员工进行思想的洗涤，让大家思想统一，有这个心思。

二是要重奖那些做出了"让客人尖叫"服务的基层员工，让其他所有员工都看到，只要提供足够好的服务，是可以受到重大奖励的。

3.多关注客人

当客人到前台时，注意客人以下三个方面的情况。

（1）注意客人本身的情况，比如面容、身体等方面，是否有异样。

（2）注意客人的言行，从客人的言行中判断，是否有可以为客人做的事情。

（3）从客人随行人员和物品来判断，看他的朋友情况、他带的行李情况，是否有可以为客人提供的极致周到服务。

4.多与客人交流

当发现客人有需求时，委婉地多问客人一句话。

比如，发现商务客人背着笔记本电脑包，可以顺便问下，是否需要送网线给您，商务中心有打印服务，这些细小的动作，都能够让客人备感舒适。

与客人的沟通交流中，可以发现更多的客人需求，从而为客人提供"雪中送炭"的服务。

5.多关注客人的动态

如果你与客人是微信的好友，可以看到他的朋友圈，这样你可以多关注客人的日常动态，关注到客人某个点时，就可以为客人提供"雪中送炭"的服务了。

小提示

"雪中送炭"式的极致服务不能强求。不要刻意去为客人提供这样的服务，那样显得做作。提供此类服务需要看时机，不是每天都可以提供，有可能几个月才能够提供一次。但这一次的服务，有可能就此感动客人，他从此会成为酒店的忠诚客户，永远在酒店消费。

第十六章　处理客人投诉

客人对服务的需求是多种多样、千差万别的，不管酒店的档次有多高、设备设施有多么先进完善，都不可能百分之百的使客人满意。因此，客人的投诉是不可能完全避免的。但关键是酒店要善于把投诉的消极面转化成积极面，通过处理投诉来促使自己不断提高服务质量，以防止投诉的再次发生。

一、处理投诉的意义

酒店投诉是指酒店顾客在使用酒店设施设备及享受酒店服务过程中或过程后对酒店的出品不满意而向有关人员诉说、抱怨。对于酒店来说，应积极地处理客人投诉。

1.从管理角度来看

顾客投诉是对酒店所提供的产品和服务的信息反馈，是对酒店设施设备、服务质量的变相检测，可引起酒店有关人士的注意，有利于酒店当局及时有针对性地改善经营管理，填漏补缺；有利于员工吸取经验教训，提高服务技能，从而增强企业竞争力。

2.从营销角度来看

从营销角度来看，客人投诉表明其在意酒店，在酒店的消费是有意识的。妥善处理好投诉，可改善顾客与酒店的长期关系，使顾客成为酒店的好顾客、常客；处理不好，则失去的不仅是该位客人或该几位客人，还有可能是他们身后的亲友、同事、上下级等潜在顾客。因为坏的口头宣传一般比好的口头宣传传得快、传得远。美国有关调查表明，吸引新顾客所花成本是保持老顾客所花成本的5倍。

所以，许多酒店都很重视客人投诉。可以说，星级、档次越高，越重视客人投诉。

二、客人投诉的类型

客人投诉往往是因为酒店工作上的过失，或酒店与客人双方的误解，或不可抗力以及某些客人的别有用心等因素而造成的。就客人投诉内容的不同，可分为以下几种。

1.对酒店工作人员态度的投诉

对服务员服务态度优劣的甄别评定，虽然具有不同消费经验、不同个性、不同心境的客人对服务态度的敏感度不同，但评价标准不会有太大差异。尊重需要强烈的客人往往以服务态度欠佳作为投诉内容，具体表现如图16-1所示。

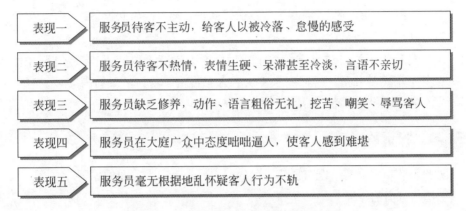

图16-1　由工作人员服务态度引起的投诉

2.对酒店某项服务效率低下的投诉

这类投诉往往是针对具体的事件而言的。

比如，餐厅上菜、结账速度太慢；前台入住登记手续烦琐，客人等候时间太长；传真送达迟，耽误客人大事等。

在这方面进行投诉的客人有的是急性子，有的是要事在身，有的确因酒店服务效率低而蒙受经济损失，有的因心境不佳而借题发挥。

3.对酒店设施设备的投诉

因酒店设施设备使用不正常、不配套，服务项目不完善而让客人感觉不便，也是客人投诉的主要内容。

比如，客房空调控制、排水系统失灵，会议室未能配备所需的设备等。

4.对服务方法欠妥的投诉

因服务方法欠妥而对客人造成伤害，或使客人蒙受损失。

比如，夜间大堂地面打蜡时不设护栏或标志，以致客人摔倒；客人延期住宿前台催交房费时，客人理解为服务员暗指他意在逃账；因与客人意外碰撞而烫伤客人等。

5.对酒店违规行为的投诉

当客人发现酒店曾经做出的承诺未能兑现，或货不对版时，会产生被欺骗、被愚弄、不公平的愤怒心情。

比如，酒店未实现给予优惠的承诺，某项酒店接受的委托代办服务未能按要求完成或过时不复等。

6.对商品质量的投诉

酒店出售的商品主要表现为客房和食品。客房有异味，寝具、食具、食品不洁，食品未熟、变质，怀疑酒水为假冒伪劣品等，均可能引起投诉。

7.其他

服务员行为不检。违反有关规定（如向客人索要小费）；损坏、遗失客人物品；服务员不熟悉业务，一问三不知；客人对价格有争议；对周围环境、治安保卫工作不满意；对管理人员的投诉处理有异议等。

三、客人投诉的原因

就投诉的原因而言，既有酒店方面的原因，也有客人方面的原因。

1.酒店方面的原因

酒店方面的原因主要表现如图16-2所示。

表现一	消费环境、消费场所、设施设备未能满足客人的要求
表现二	服务员业务水平低，工作不称职，工作不负责任，岗位责任混乱，经常出现工作过失
表现三	部门之间缺乏沟通和协作精神，管理人员督导不力
表现四	对客人尊重程度不够；服务指南、宣传手册内容陈旧、说明不详实等

图16-2　由酒店自身原因引起的投诉

2.客人方面的原因

客人方面的原因表现为对酒店的期望要求较高，一旦现实与期望相差太远时，会产生失望感；对酒店宣传内容的理解与酒店有分歧；个别客人对酒店工作过于挑剔等。

四、处理投诉的原则

对于客人的投诉，酒店在处理时应遵循图16-3所示的原则。

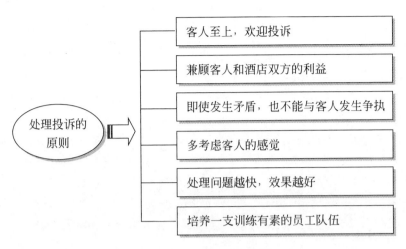

图16-3　处理投诉的原则

1.客人至上，欢迎投诉

即坚持"客人至上"的服务宗旨，对客人投诉持欢迎态度，不与客人争吵，不为自己辩护。

接待投诉客人、受理投诉、处理投诉，这本身就是酒店的服务项目之一。代表酒店受理投诉的工作人员应真诚地听取客人的意见，表现出愿为客人排忧解难的诚意，对失望痛心者应好言安慰、深表同情；对脾气火暴者豁达礼让、理解为怀，争取圆满解决问题。这本身就是酒店正常服务质量的展现。如果说投诉客人都希望获得补偿的话，那么，在投诉过程中酒店若能以最佳的服务态度对待自己，这对通情达理的客人来说，也算得上是某种程度的补偿。

> **小提示**
>
> 处理投诉时，管理人员要特别注意控制自己的面部表情、言语和动作，以免引起误会，使投诉处理陷于僵局。

2.兼顾客人和酒店双方的利益

工作人员在处理投诉时，是酒店的代表，代表酒店受理投诉。因此，不可能不考虑酒店的利益。但只要受理投诉，只要仍然在此岗位工作，工作人员也就同时成了客人的代表。因而工作人员既是代表酒店，同时也是代表客人去调查事件的真相，给客人以合理的解释，为客人追讨损失赔偿。客人直接向酒店投诉，这种行为反映了客人相信酒店能公正妥善解决当前问题。为了回报客人的信任，以实际行动鼓励这种"要投诉就在酒店投诉"的行为，工作人员必须以不偏不倚的态度公正地处理投诉。如何在一般性投诉处理上，兼顾客人和酒店双方的利益，这是投诉处理的技巧问题。

投诉处理要注意立足于调查，以事实为据，不偏听偏信。一些投诉涉及经济赔偿的，处理时应尤为慎重。在不能确定责任方时，不要轻易下结论或给客人以赔偿承诺。当然，一旦能确定事故是人为的，酒店负有全部责任时，应诚恳地给客人致以道歉和合理赔偿。

一位东北客人住进了上海的某酒店。一天他在客房内使用电话与国内的客户联系工作。他翻开床头柜上的酒店服务指南，"电话使用说明"提示："国内直拨"先拨"80"再拨地区号和电话号码。该客人照此办理，果然对方接电话了，但传来的却是一位小姐一连串的英语。他即挂断了电话，重拨号码，又听到小姐的一串英语。"怎么搞的，难道我拨错了？"他心想着又重新仔细地看一遍"电话使用说明"，没错，他又照此拨号，还是传来这位小姐的声音，一连5次听到的都是莫名其妙的英语，于是不得不挂上话筒。

当客人离开酒店结账时，服务员对他说："先生，这是您5次加拿大国际电话费的账单。"客人大吃一惊："什么加拿大电话？我没打过。"服务员说："电脑是这样显示的，没错！"客人说："怎么没错？我没有加拿大朋友，根本不需要打加拿大电话，肯定是你们的电脑出问题了。"服务员说："电脑是不会出差错的。"客人恼火了："电脑也会出差错的，这钱我是不付的。"服务员也急了："明明是您打了5次国际电话，怎么可以赖账？"客人怒气冲冲地说："我赖账？你们简直不讲道理，我要找你们总经理评理！"双方争执越演越烈。

当争吵声传到前厅部办公室，罗经理马上意识到问题又出在"0"上。"使用说明"规定先拨"80"，再拨地区号和电话号码，但没有说地区号前的"0"不需再拨，而东北客人恰恰重复了这个"0"。显然酒店方面负有一定的责任，应承担一定经济损失，但另一部分的费用怎样才能让这位客人支付呢？这位前厅部经理曾在东北生活过十多年，通过长期地接触，深知东北人具有朴实豪爽的性格特点。仔细倾听了客人诉说，充分了解客人身份和事情经过后，罗经理很诚恳地对客人说："很对不起，刚才服务员对您的指责是不应该的，我向您表示歉意。我曾经在东北生活过十多年，十分了解你们东北人，东北人热情、豪爽又通情达理。我知道您并不是打了电话不肯付钱，也不是付不起这些电话费，而是您根本没有拨打国际电话的念头，拨到加拿大完全是您无意的。我们酒店的电话使用说明有问题，我们酒店有一定的责任，我们的电话使用说明今后一定修改。"罗经理实事求是的态度深深感动了东北客人。客人说："你说得对，说出了我的心里话。"罗经理又说："尽管您没有拨国际电话的动机，但由于您的动作而5次接通了加拿大电话，产生了费用问题。我们酒店应承担一部分费用，是否请您承担另一部分费用呢？"客人马上说："您说得有道理，既然您实事求是，那我也应该实事求是，另一部分费用我付。"这样便妥善解决了这个矛盾。事后这位东北客人认了前厅部经理半个老乡，以后每次来上海总住那里。

3.即使发生矛盾，也不能与客人发生争执

我们的目的是为了倾听事实，进而寻求解决之道。争论只会妨碍我们聆听客人的观点，不利于缓和客人的不良情绪。

权威人士指出："98%～99%的客人都确信自己的批评是正确的"。因此，争论谁对谁错，一点意义都没有，只会激化矛盾，让已经不满意的客人更加不满，我们的职责是拉回那些已经产生不满的客人。

4.多考虑客人的感觉

客人进行投诉，说明我们有做得不对或者不好的地方，所以必须对客人多一些理解。要让他们觉得：他们是在自己的酒店入住，享有充分的自由；他们是主人，酒店只是为他们服务的人。

特别是当他们受到了各种压力时，更要尽量认同客人的感觉，以此来缓和客人的烦躁和不满，为我们下一步圆满地处理好问题打下良好的感情基础。

5.处理问题越快，效果越好

服务失误发生后，要在第一时间处理，时间越长，客人的伤害就越大，客人的忠诚度就会受到严峻的考验。所以，必须制定相应的制度，加强对投诉处理的管理。

比如，一家国外餐饮酒店采用了"四制"办事原则，即：一般性问题，必须三天内答复制；复杂性问题，必须一星期内答复制；未予解决的书面答复制；延误日期的20元一天罚款制。

6.培养一支训练有素的员工队伍

酒店运作始于"人"，也终于"人"。人的问题占酒店问题的80%以上，酒店要树立"员工第一"的观念。一线员工是服务的化身，员工与客人接触程度最高，员工的行为会直接影响到客人所感受到的服务品质，进而影响整个酒店的信誉。因此，一定要善待员工。

员工的教育培训处于核心地位，教育内容的选择要重在员工的心理建设，训练应重于实践，两者缺一不可。只有这样，才能慢慢培养起广大客人的忠诚度，使他们认同你的服务理念：客人第一，客人至上。如此，在未来的竞争中，酒店才会有备无患，无往不胜。

五、投诉处理程序

不同性质的投诉，在处理程序上有繁简之分，在处理速度上有快慢之分。这

种区别主要体现在：对厨房出品质量、客房设施设备失灵等投诉处理要求快速；而一些因手续不全、不清而引起的纠纷，或投诉内容带有浓厚主观色彩，或重大案件则难以在短时间内作出处理。

1.对投诉的快速处理程序

（1）专注地倾听客人诉说，准确领会客人意思，把握问题的关键所在。确认问题性质可按本程序处理。

（2）必要时察看投诉物，迅速作出判断。

（3）向客人致歉，做必要解释，请客人稍微等候，自己马上与有关部门取得联系。

（4）跟进处理情况，向客人询问对处理的意见，做简短祝词。

2.对投诉的一般处理程序

倾听客人诉说，确认问题较复杂，应按以下程序处理。

（1）请客人移步至不引人注意的一角，对情绪冲动的客人或由外地刚抵达的客人，应奉上茶水或其他不含酒精的饮料。

（2）耐心、专注地倾听客人陈述，不打断或反驳客人。用恰当的表情表示自己对客人遭遇的同情，必要时做记录。

（3）区别不同情况，妥善安置客人。对住宿客人，可安置于大堂内稍事休息；对本地客人和离店客人，可请他们留下联系电话或地址。为不耽误他们的时间，请客人先离店，明确地告诉客人给予答复的时间。

（4）着手调查，必要时向上级汇报情况，请示处理方式，作出处理意见。

（5）把调查情况与客人进行沟通，向客人做必要解释，争取客人同意处理意见。

（6）向有关部门落实处理意见，监督、检查有关工作的完成情况。

（7）再次倾听客人的意见。

（8）把事件经过及处理方式整理成文字材料，存档备查。

六、投诉处理技巧

1.用理解、关心取得客人的谅解

客人在遇到不满的事情时，人性的某些弱点就会暴露。为此，工作人员必须懂得宽容和设身处地为客人着想。只有充分理解客人的角色特征，掌握客人心理特点，并给予理解、宽容，酒店才能打动客人的心而赢得客人的谅解。对表16-1所示的几种情况可以采取此种方法处理。

表 16-1　用理解、关心取得客人的谅解

序号	客人类型	处理技巧
1	爱表现自己高明的客人	在投诉的客人中，有的爱表现自己的高明，他的投诉可能只是为了表现自己，显得自己很高明和很重要。领班必须迎合他的这种心理，给他提供充分表现自己的机会，帮助客人表现其长处，维护并隐藏客人的短处，从而使客人在酒店中获得更多的自豪感和成就感
2	希望被特别关注的客人	还有的客人希望被特别关注，领班必须像对待自己的朋友一样给予足够的关注，耐心倾听客人的要求，提供真心诚意的帮助，让客人感到领班的关心是真诚的
3	爱面子的客人	客人大多是爱面子的，往往以自我为中心，思维和行为大都有情绪化的特征，对酒店往往带有很大的主观性，即以自己的感觉加以判断。这类客人在投诉时，领班首先要肯定客人的投诉，承认酒店的失误，应注意给客人面子。对于客人无理取闹的行为，也应给予宽容理解。只有将心比心理解客人，设身处地为客人利益着想，想客人之所想，急客人之所急，才能赢得这类客人的理解
4	爱发号施令的客人	还有一类客人具有领导的某些特征，表现为居高临下，发号施令，习惯于使唤别人。为此，在处理投诉时，必须像对待领导一样对待他，切忌怠慢、忽视客人。对于客人的无理要求或无端指责，领班同样要注意艺术，采取引导和感化的方法，甚至可让他参与投诉的处理决策，使客人感受到正确使用权利的快乐

2.用恰当的方式处理客人投诉

用恰当的方式处理投诉可以化干戈为玉帛，反之，则会因小失大。一般要掌握投诉者的投诉心理，然后找到恰当的处理方式。

对表 16-2 所示的几种情况可以采取此种方法处理。

表 16-2　用恰当的方式处理客人投诉

序号	客人类型	处理技巧
1	急于解决问题的客人	这类客人往往通过电话或口头方式提出投诉。处理这类投诉事例的原则是，尽快解决客人急于要解决的问题。第一，要注意与当事人的口头交流，讲究语言方式。第二，要及时采取补救措施。对短时间内无法解决的事情要给客人明确回复，说明酒店对这件事的重视程度，使客人在心理上得到满足
2	给酒店提建议的客人	这类客人大都对酒店有良好的印象，对服务及管理中出现的问题他们会提出书面建议。对这类信函应由部门经理亲自处理，视情况回信给客人（已离店的）或约客人当面交流，告知其改进的措施和杜绝此类事件发生的方法

续表

序号	客人类型	处理技巧
3	恶意投诉的客人	个别客人提出非分要求，无理取闹，行为、语言粗鲁，虽经耐心解释但仍发生投诉，即为恶意投诉。酒店服务员在面对这类客人时，应及时向上级汇报，由保安人员或更高一层的管理人员出面再次进行劝阻，或者劝其离开现场，以免给其他客人造成不良影响和干扰正常工作。情节十分严重者，应通知当地派出所，以维护酒店的正当权益
4	对酒店有成见的客人	极个别对酒店反感的客人，往往采取比较偏激的方法来提出投诉，大吵大闹。服务员在与客人的冲突中，始终处于不利的地位，因为客人和服务员的地位是不平等的。因此，那些故意找茬儿的客人，对这一点了解得非常清楚。在面对这类客人时，要用正确方法控制自己的情绪和言行，要始终坚持有理、有利、有节、有礼貌地处理问题，平息投诉者的怒气，避免在公众场合处理问题。无论客人提出的问题是否符合事实，都必须认真倾听，从容大度地对待投诉者，待其怒气平息后再共商解决问题的办法

对投诉的处理方式最终还要因人因事而异，尽量争取使每位投诉者都满意。

3.真诚听取客人投诉意见

倾听是一种有效的沟通方式，对待任何客人的投诉，不管是鸡毛蒜皮的小事情还是复杂棘手的事件，受理投诉的工作人员都要保持镇定、冷静，认真倾听客人的意见，要表现出对客人的礼貌与尊重。接到客人投诉时，要用真诚、友好、谦和的态度，全神贯注地聆听，保持平静，虚心接受，不要打断客人，更不能反驳与辩解。

（1）保持冷静的态度，设法使客人消气。处理投诉只有在"心平气和"的状态下才能有利于解决问题。因此，在接待投诉客人时，要冷静、理智，先请客人坐下，然后请他慢慢讲。此时重要的是让客人觉得很在乎他的投诉，不要急于辩解，否则会被认为是对客人的指责和不尊重。

另外，工作人员要与客人保持目光交流，身体正面朝向客人以示尊重；先请客人把话说完，再适当问一些问题以了解详细情况。说话时要注意语音、语调、语气。

（2）同情和理解客人。当客人前来投诉时，工作人员应当把自己视为酒店的代表去接待，欢迎他们的投诉，尊重他们的意见，并同情客人，以诚恳的态度向客人表示歉意，注意不要伤害客人的自尊。对客人表示同情，会使客人感到你和他站在一起，从而减少对抗情绪，有利于问题的解决。

比如，工作人员可以这样说："这位先生（女士），我很理解你的心情，如果是我可能会更气愤。"

（3）对客人的投诉真诚致谢。尽管客人投诉有利于改进酒店服务工作，但由于投诉者的素质水平、投诉方式不同，难免使接待者有些不愉快。不过假若客人遇到不满的服务，他不告诉酒店而是讲给其他客人或朋友听，这样就会影响酒店的声誉。所以当客人投诉时，酒店不仅要真诚地欢迎，而且还要感谢客人。

> **小提示**
>
> 在认真听取客人投诉的同时要认真做好记录，一方面表示酒店对他们投诉的重视，另一方面也是酒店处理问题的原始依据。记录包括客人投诉的姓名、时间、内容等。尤其是客人投诉的要点，讲到的一些细节要记录清楚，并适时复述，以缓和客人的情绪。

4. 及时采取补救或补偿措施

客人投诉最终是为了解决问题，因此对于客人提出的投诉，不要推卸责任，而应区别不同情况积极想办法解决，在征得客人同意后作出恰当处理。为了避免处理投诉时自己陷入被动局面，不要把话说死，一定要给自己留有余地，也不要随便答应客人自己权限外的某种承诺。

对一些明显是酒店方面的过错，就应马上道歉，在征得客人同意后作出补偿性处理。

刘先生是西安客商。他说，前晚睡觉前向总台服务员预约了"叫醒服务"，时间定在早上9:00。然而昨天一觉醒来，时间已过上午10:00，房间内的"叫醒服务"却从未启动。刘先生因此错过了与新近牵手的西安生意伙伴的商务答谢活动。"这让我在合作伙伴面前失约，丢了诚信！"刘先生随后找酒店方理论。

对此，酒店贵宾服务部王经理出面调解。王经理表示，经查，客人刘先生的确预约过"叫醒服务"，夜班人员记录此信息并输入电脑。但昨天早晨不知是机器故障还是人为疏忽，导致"叫醒服务"失灵。王经理代表酒店郑重向客人道歉，并提议以减免费用和下次入住免费的方式作为补偿，刘先生于是表示谅解。

对于一些较复杂的问题，不应急于表态或处理，而应礼貌、清楚地列出充分的理由说服客人，并在征得客人同意的基础上作出恰当的处理。

一位客人离店结账时发现有国际长途话费，可自己没打国际长途啊！客人非常恼怒，找大堂副理大发雷霆，拒不付费。大堂副理耐心倾听客人诉说，又将该客人应付的长途话费单详细查询。然后他礼貌地请客人回忆有没有朋友进过房间，是不是他们打的。经过回忆核实确属客人朋友所为，最终客人按要求付费，并致以歉意。

对一时不能处理好的事，要注意告诉客人将采取的措施和解决问题的时间。如客人夜间投诉空调坏了，恰巧赶上维修工正忙于另一维修任务，需要半小时后才能过来修理，这时服务员就应让客人知道事情的进展，使客人明白他所提的意见已经被酒店重视，并已经安排解决。

5. 要及时追踪处理投诉结果

一位客人深夜抵达酒店，行李员带客人进客房后，将钥匙交给客人，并对客房设施设备做了简单地介绍，然后进入卫生间，打开浴缸水龙头往浴缸内放水。客人看到行李员用手亲自调试水温。几分钟后，行李员出来告诉客人，水已放好，请客人洗个澡，早点休息。客人暗自赞叹该酒店服务真不错。

行李员走后，客人脱衣去卫生间洗澡，却发现浴缸里的水是冰凉的，打开热水龙头，同样是凉水，于是打电话到前台。回答是："对不起，晚上12:00以后，无热水供应。"客人无言以对，心想，该酒店从收费标准到硬件设备，算是星级酒店，怎么能晚上12:00以后就不供应热水呢？可又一想，既然是酒店的规定，也不好再说什么，只能自认倒霉。"不过，如果您需要的话，楼层服务员为您烧一桶热水送到房间，好吗？"还未等客人放下电话，前厅小姐又补充道。

"那好啊，多谢了！"客人对酒店能够破例为自己提供服务表示感激。

放下电话后，客人开始等待。半个多小时过去了，客人看看表，已经到了凌晨1:00，可那桶热水还没送来，可又一想，也许楼层烧水不方便，需要再等一会儿。又过了半个小时，电视节目也完了，还不见有热水送来，客人无法再等下去了，只好再打电话到前台。

"什么，还没有给您送去？"前台服务员表示吃惊，"我已经给楼层服务员说过了啊！要不我再给他们打电话催催。"

"不用了，我还是自己打电话问吧。请你把楼层服务台的电话告诉我！"客人心想，既然前台已经通知了，而这么久还没有送来，必定有原因。为了避免再次等候，还是亲自问一问好。于是，按照前台服务员提供的电话号码，客人拨通了楼层服务台的电话，回答是："什么，送水？酒店晚上12:00以后就没有热水了！"

在上述案例中，其实客人并非一定要洗澡，只是酒店已经答应为客人提供热水，才使客人白等了一个多小时。结果澡也没洗成，觉也没睡好，还影响了第二天的工作。问题就出在服务员虽然答应为客人解决问题，但没有对解决过程和解决结果予以关注。

接待投诉客人的，并不一定是实际解决问题的人，因此，客人的投诉是否最终得到了解决，仍然是个问号。事实上，很多客人的投诉并未得到解决，因此，必须对投诉的处理过程进行跟踪，对处理结果予以关注。现在，不少酒店对客人的投诉采用"到我为止"的方法，即第一位接待客人投诉的人就是解决问题的主要责任人。他必须将处理客人投诉和客人需求的事情负责到底，直到事情圆满结束。

所以，接获投诉后，应主动与客人联系，反馈解决问题的进程及结果，首先要与负责解决问题的人共同检查问题是否获得解决。当知道问题确实已获得解决时，还应询问客人是否满意；如果不满意，还要采取额外措施去解决。

参考文献

[1] 贺静. 大数据在酒店经营管理中的运用 [J]. 企业改革与管理，2017，（22）：50.

[2] 马艳美，徐振涛. 微信营销在酒店业发展中的应用研究 [J]. 山东商业职业技术学院学报，2016，16（1）：14～16.

[3] 吕薇. 中小型酒店微博营销策略研究 [J]. 商场现代化，2016（4）：80～81.

[4] 王晶亮. 微博营销与酒店营销 [J]. 学理论，2012（31）：67～68.

[5] 王艳辉. 酒店微博营销浅析 [J]. 旅游纵览月刊，2013（9）：122.

[6] 潘永华，蒋莉，刘思思，张曼玉. OTA模式下星级酒店的营销策略研究 [J]. 大陆桥视野，2017（8）.

[7] 张莉春. OTA模式下酒店的运行之道 [J]. 商场现代化，2016（9）：35～36.

[8] 陈云. 浅谈网络团购对酒店营销的影响及建议 [J]. 新经济，2014（17）：23～24.

[9] 李臻，朱进. 智慧酒店——酒店产品升级换代的必然趋势 [J]. 2013，26（1）：31～34.

[10] 唐建兵. 智慧饭店建设探讨 [J]. 经济研究导刊，2014（1）：292～294.